世界最先端の研究が教える

もっと
すごい心理学

内藤誼人

NAITOH YOSHIHITO

SOGO HOREI PUBLISHING CO., LTD

まえがき

高い業績をあげた科学研究に与えられる世界的な賞といえば、ノーベル賞が有名です。そのパロディで、イグノーベル賞というのがあります。こちらは、そんなに知られていないかもしれません。ノーベル賞とは違って、堅苦しくないというか、不真面目というか、とにかく人を楽しませてくれるような、ユニークな研究に与えられる賞です。

イグノーベル賞の過去の受賞を見ると、足のくささの研究とか、走っているブタがまき散らすサルモネラ菌の研究とか、もし人々が悔い改めなかったらどれくらいの人が地獄に行くのかを見積もった研究とか、とてもユニークです。

ちなみに、2018年のイグノーベル経済学賞は、従業員がブードゥーの人形（呪いの人形）を使って、上司に復讐したとしたら、何かしらの効果が出るのかを調べた研究に与えられました。その結果はというと、効果はありました。呪いをかけた従業員は、気分がスッキリしたのです。

「へぇ、世の中にはおかしな研究をしている人たちがいるな」と感心させられるかもしれませんね。けれども、おかしな研究をすることでは、心理学者だって決して負けてはいません。

よくある心理学の本は、あまりにも教科書的というか、とにかくつまらない古典研究ばかりが載せられていて、読者のみなさんも飽き飽きしているのではないでしょうか。

そこで私は、イグノーベル賞のように、とびっきり面白いネタだけを集めた本を書いてみたいと思いました。そして実際に執筆したのが、前作の『すごい心理学』です。

「心理学という学問には、こんなに面白い研究があるんだよ」ということをみなさんに知ってもらうために執筆したのですが、予想以上の反響があり、かなりの好評をいただきました。「ほかにもっと面白いネタはないの？」という声もたくさんいただきました。

そこで、改めて心理学専門誌に発表されている論文を調べまくって、出来上がったのが本書になります。

たいていのシリーズ本の続編というのは、1作目に比べるとパワーダウンすることが多いのですが、本書は違います。これには私も自信があります。何しろ資料を読み込むのに、前作の倍以上も時間をかけ、選定に選定を重ねて、選りすぐりのネタばかりを満載したのですから。決して、読者のみなさんに、「つまらない本にお金を使っちゃったな」と思わせないことを保証しましょう。

では、どんな内容なのかというと、たとえば次のようなネタはどうでしょうか。

○超能力者でなくとも、鍵のかかった他人の旅行カバンを開けることができる

○アルファベットの「V」の形を見ると、私たちの脳みそは危険や脅威《きょうい》を感じる
○背を伸ばしたいなら、コメディ映画が効果的
○ナースといえば「天使」のイメージなのに、実はものすごく職場イジメが多い
○現代人が、ダウンロードで待てる時間は2秒
○こっくりさんをやるとき、硬貨がひとりでに動くと感じるのは錯覚
○痛み止めの薬で、心のトラウマも消すことができる
○太っちょの赤ちゃんは、頭が良い

どうでしょう。どれもこれもイグノーベル賞が受賞できそうな研究ばかりだと思いませんか。「そんなおかしな研究ばかりを知ったからといって、何の役に立つの?」と思われるかもしれません。たしかに、「役に立つ」とは言えません。けれども、読者のみなさんの知的好奇心は十分に刺激を受けるはずです。

どうか最後までお付き合いください。

世界最先端の研究が教える
もっとすごい心理学

CONTENTS

第1章
すぐに役立つ心理学研究

第2章

心の不確実さが見える心理学研究

第3章

読むのが怖くなる心理学研究

第4章

ひと味違う驚きの心理学研究

第5章 前向きになれる心理学研究

ブックデザイン　別府拓（Q.design）
イラスト　ぷーたく
ＤＴＰ・図表　横内俊彦
校正　池田研一

第1章

すぐに役立つ心理学研究

握手で人の性格がわかる

心理学者は人の心を読むのが好きなので、読心術に関する研究は山ほどあります。それこそ何百冊もの専門書が書かれています。

表情からでも、しぐさや身振りからでも、ファッションからでも人の心を読むことができるのですが、ここでは、「握手」から人の心を読むという研究をご紹介しましょう。

米国アラバマ大学のウィリアム・チャップリンは、男女2名ずつの実験アシスタントに、1カ月間、握手の強さを判定するトレーニングを受けてもらいました。それぞれのアシスタントに、強い、普通、弱い、といったように強さを変えて握手をし、その強さを判断してもらいます。ただし、それぞれのレベルで強さは一定になるようにします。「強い」はこれくらいの強さ、「弱い」はこれくらいの強さ、といった具合です。そうして、握手の強さとアシスタントの判断が一致するようにトレーニングを受けてもらいました。

それからアシスタントは、112名の大学生と握手をし、それぞれの学生の握手の強さを判断しました。また、大学生には事前に心理テストを受けてもらいました。

その結果、アシスタントたちに**「力強い握手だった」と判断された人は、外向的な性格で感情表現が豊かだ、という傾向がわかった**のです。

日本人はあまり握手をしませんが、**力を込めて握手してくる人なら、きっとその人は外向的**なのでしょう。喜怒哀楽もはっきりとしていて、表情から何を考えているのかがよくわかるタイプだとみなして間違いありません。

また**女性については、しっかりした握手をしてくる人は、新しいことに対して興味を持つタイプ**であることもわかりました。いろいろと新しい経験をしたいとか、旅行に出かけたいとか、積極的なタイプの女性は、しっかりした握手をするようです。

逆に、あまり力が入っていないというか、弱々しい握手をしてくると判断された人の性格は、内気で神経質でした。こういう人は、自分からはあまり人に話しかけませんし、引っ込み思案でしょう。また、電車のつり革が触れないとか、靴に付いたちょっとした泥が気になるなど、かなり神経質なタイプです。

心理学者なら、自己紹介のときにさりげなく握手を求めて、「この人は外向的なタイプだな」とか、「この人は神経質だ」ということを、ある程度までは読むことができます。読者のみなさんも、握手をするときの「力強さ」に注目すれば、同じように読心術をすることは十分に可能です。ぜひ試してみてください。

相手に「頭が良い」と思わせるためには

メガネをかけている人は、どことなく知的に見えます。本当はそうではなくとも、教養がありそうな、たくさんの本を読んでいるような雰囲気が漂っていると思いませんか。

メガネをかけているのとかけていないのとでは、がらりと印象が変わります。**人に頭が良さそうに思われたいのなら、メガネをかけるとよい**ですよ。それだけで、みなさんは知的な人間に見えますから。ドラマや映画でもそうで、「知的な印象」を与える必要がある役柄（学者や専門家など）を演じるときの俳優さんや女優さんは、みんなメガネをかけて登場しますよね。

メガネという小道具があると、印象は簡単に変えられるのです。

オーストリアにあるウィーン大学のヘルムト・レダーは、だれもが感じている「メガネをかけていると、知的に見える」ということは本当なのかを確認するために、実験を行っています。

レダーは、同じ人が、メガネをかけていないときと、縁のあるメガネをかけているとき、縁なしメガネをかけているときの、3つの条件の顔写真を撮りました。1人3回ずつの撮影をしたわけです。メガネは、ファッション・コンサルタントが、それぞれの人の顔立ちに合うもの

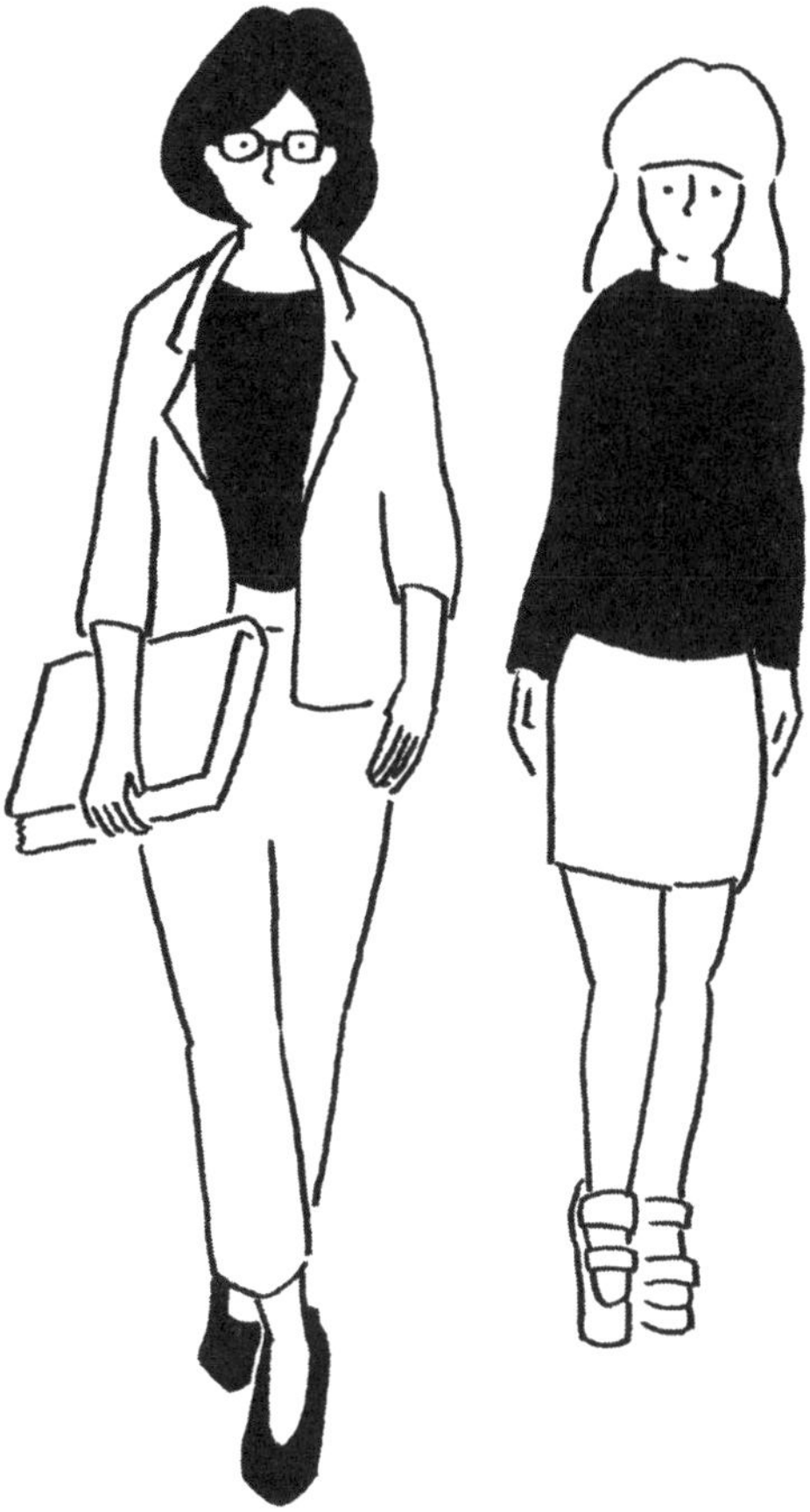

を選びました。本人に最も似合うメガネをかけて撮影が行われたと考えてよいでしょう。

こうして顔写真が準備できたところで、20歳から32歳までの男女に、それぞれの顔を評価してもらいました。すると、**縁なしメガネをかけているときに、知的さや信頼感が高くなることがわかった**のです。知的に見られたいなら、縁のあるメガネではなく、縁なしのメガネがおススメのようですね。

「でも、メガネをかけていると、野暮《やぼ》ったく見えませんか？」
「メガネをかけていると、知的には見えても、魅力が下がったりしませんか？」

そう思う人がいるかもしれませんが、大丈夫です。その点についても、レダーは確認しました。メガネをかけているときと、メガネをかけていないとき、それぞれの顔立ちの魅力についても、評価してもらったのです。その結果、**メガネをかけたから魅力が下がってしまう、ということはありませんでした**。これは縁のあるメガネでも、縁なしのメガネでも同じでした。

「メガネをかけるのはイヤだな」と思う人がいるかもしれません。特に、女性はメガネをかけると自分の魅力が下がってしまうように感じて、コンタクトにしている人が多いのではないかと思います。けれども、メガネをかけたらいきなり魅力が下がってしまう、というようなこともありませんのでご安心ください。

職場の生産性を上げる方法

ビジネス書を読んでいると、**「従業員を幸せにする会社ほど、生産性が高い」**ということが書かれています。

なんとなく、「そうなのだろうな」とは思いますが、現実にきちんとした裏付けはあるのでしょうか。心理学者は、こういうときに、必ず実験をして確認します。

イギリスにあるウォーリック大学のアンドリュー・オズワルドは、「幸せな気分のときに、本当に生産性が高まるのか」を確認するための実験を、何度もくり返しました。参加者はのべ700名を超えます。

楽しい気分にさせるために、オズワルドは第1実験と第2実験では、「コメディアンのビデオ」を使いました。コメディアンのビデオを10分間見せてから、2桁の数字を5つ足し算する（31＋51＋14＋44＋87＝?）という単純な計算作業をやらせてみたのです。

この実験では、できるだけ早く、できるだけたくさん解くことが求められました。正解すると1問につき、0・25ユーロが支払われることになっていたので、参加者は真剣に取り組んでくれました。これで生産性を測定してみたわけです。

その結果、**コメディアンのビデオで大笑いした後には、たしかに生産性は上がっていました。**「楽しい気分を与えてやれば、生産性は上がる」ということは、本当のことだったのです。

オズワルドはさらに、果物やチョコレートを食べさせることで幸せな気分にさせたときはどうなるのかも実験しました（第3実験）。

このときにもやはり、生産性は上がりました。

お笑い映画を見せようが、おいしいものを食べさせようが、幸せな気分にさせるやり方はどうでもよいようです。どんな形であれ、**「楽しいなあ」「幸せだなあ」という気持ちを与えてあげることができれば、生産性は12％ほど高くなる**、ということをオズワルドは突き止めました。

もし私が会社の経営者なのであれば、従業員を楽しませることを第一に考えるでしょう。従業員が楽しく仕事をしてくれれば、生産性は上がるからです。「みんな手を抜くな！」とか「真剣にやれ！」とハッパをかけなくとも、楽しい気分にさせることができれば、生産性は自然に上がります。

たとえば月曜から金曜まで、遅刻をせずに出社した人には、毎日1枚ずつトランプのカードを引かせるのもよいでしょう。

月曜から金曜まで１日もお休みしなければ、５枚のカードが手に入ります。その手持ちのカードでポーカーを行い、いちばん高い役の従業員にはボーナスが出る、という楽しい取り組みをしたところ、従業員の欠勤率を下げることができて、しかも生産性もアップしたという論文もあります。

どうせ仕事をするのなら、みんなで和気あいあいと楽しい気分でやりたいですよね。そういう雰囲気づくりをしてくれる上司や社長の下でなら、従業員は一生懸命に仕事をしてくれるのです。

なぜ患者は診察の予約時間を守らないのか

多くの病院では、患者が予約の時間にきちんと来てくれないことに頭を悩ませています。診察の時間を空けて待っているというのに、患者が来ないのではたまったものではありません。しかも、予約を勝手に破る患者はかなりの数にのぼるのです。これでは病院の経営にも問題が出てきてしまいます。

病院から相談を受けたイギリスのインフルエンス・アット・ワーク社のスティーブ・マーティンは、どうすれば患者にきちんと予約を守らせることができるのかを考え、「患者には予約の手間をかけさせたほうがよい」という提案をしました。

患者は簡単に予約を取れるから、簡単に予約を破ろうとする、**予約にひと手間かけさせるようにすれば、予約を重く感じてしっかりと守るに違いない**、とマーティンは考えたのです。

病院ではさっそくこの方法を試してみることにしました。

まず、予約を取るときに、約束の日時を患者に復唱させてみました。「予約の確認をお願いします。私に続いて復唱してください。26日の金曜日、午後2時15分。はい、どうぞ」ということをやらせてみたのですね。

すると、**翌月にはたしかに予約した時間に来ない人が3・5%減りました**。とはいえ、わずか３・５％減ではそんなにありがたくもありません。そこで病院側は、さらに患者に手間をかけさせることにしました。

「次の診察は、火曜日の午前10時35分からです。この登録番号を控えておいてください。１２３４５６」と登録番号の書かれた紙を見せて、自分で控えを取るように求めたのです。患者は、この登録番号をメモしなければなりませんでした。ちょっとだけ面倒です。

その結果、**この面倒な手間をかけさせることで、予約をすっぽかす人はなんと18%も減りました**。約２割も減ったのですから、これは大成功と言えるでしょう。

予約をすっぽかされたくなければ、相手にあえてひと手間をかけさせるのが有効です。

たとえば、しょっちゅう約束をすっぽかす友達には、「家を出るとき、俺に電話をくれない？」とお願いしておくとよいでしょう。彼氏がしょっちゅうデートの約束を忘れて困るというのであれば、「家を出るとき、メールかラインをして」とお願いしておくとよいでしょう。職場の飲み会の約束をすっぽかす人には、「当日の夕方に、お店に人数確認の電話を入れておいてよ」と厄介な役目を与えておくとよいでしょう。

そういう手間をかけさせることで、予定をすっぽかされることを防げるのです。

難しい問題が解きやすくなるテクニック

数学や物理の問題を解くときは、少し頭を後ろに引くというか、問題用紙から顔を遠ざけて物理的な距離を取りましょう。

すると「こんな問題簡単だ」と思うことができます。難しい問題でも、ひょっとしたら解けるようになるかもしれません。

物理的な距離を取ると、なぜか心理的な余裕が生まれるのです。

米国ニューヨーク州にあるコーネル大学のマノイ・トーマスは、92名の大学生に、コンピュータの画面に単語が映し出されたら、それを声に出して読み上げる、という作業をやらせてみました。ただし、出てくる単語はトーマスが勝手に作ったもので、発音するのが難しいものでした（たとえば「Meunstah」など）。

このとき、学生は2つの姿勢のどちらかを取るように求められました。

ある人は、「できるだけ顔を画面に近付けて」とお願いされ、別の人は、「椅子の背もたれに体重をかけて、できるだけ顔を画面から遠ざけて」とお願いされたのです。

作業が終わったところで、発音の難しさについて、「とてもやさしい」と感じたらプラス3点を、「とても難しい」と感じたらマイナス3点を付けてもらいました。

すると、**顔を遠ざけて作業をしたときのほうが、顔を近付けて作業をしたときよりも、難しくないと答えることがわかった**のです。顔を遠ざけて作業をした条件ではマイナス0・88点、顔を近付けた条件ではマイナス1・31点という点数になりました。

難しい作業をするときには、できるだけ物理的な距離を取りましょう。心理的な距離も遠くなり、パニックにならずに余裕を持てるようになるからです。

仕事で困難な作業をしなければならないときにも、コンピュータの画面に顔を近付けすぎると、どんどん焦ってきます。こんなときには、問題から顔を遠ざけて突き放すように距離を取ったほうが、「なんだ、こんなの簡単だ」という気持ちになれるでしょう。

物理的な距離が離れれば、それだけ問題に巻き込まれることなく、ちょっと離れたところに立つことができ、冷静で客観的になれるものです。

作業が困難だと感じたときには、いっそのこと席を離れて、トイレに行ったりコーヒーを買いに行ったりするのもよいかもしれません。そうやって少し距離を取ったほうが、問題を簡単に解くことができるでしょう。

勉強の効果を高めるコツ

たくさん勉強をして疲れると、たいていの人は寝る前に気晴らしをしようとします。ゲームをしたり、漫画を読んだり、テレビを見たりと。そうして十分に気晴らしができてから、「そろそろ寝よう」とするのです。

けれども、このやり方は間違えています。**勉強をしたら、余計なことはせずに、すぐに睡眠を取るのが正解**です。せっかく勉強したのですから、覚えたことが記憶に定着したほうがよいに決まっているわけで、そのためにはさっさと寝なければいけません。

せっかく勉強しても、その後に、ゲームをしたりテレビを見たりしたら、そちらの内容のほうが頭に入ってきてしまいます。眠ってしまえば、余計なものは頭に入ってきません。また、起きていると、覚えた内容がどんどん忘却されていくのですが、眠ってしまえば、その忘却を遅らせることもできます。

フランスにあるリヨン大学のステファニー・マッツァは、「再学習は短く、記憶の保持は長く」という、睡眠の大切さを明らかにした論文を発表しています。

$y=\frac{\log(\frac{x}{m}-as)}{r^2}$
$\sin^2\theta+\cos^2\theta=1$
$\phi=\frac{1+\sqrt{5}}{2}$
$E=mc^2$

マッツァは、40名の大学生を2つのグループに分けて、スワヒリ語の単語を完ぺきになるまで、2回ほど学習させました。条件は次の2つです。

グループA：朝9時に記憶→12時間が経過→同じ日の夜9時にもう一度学習
グループB：夜9時に記憶→12時間が経過→翌日の朝9時にもう一度学習

マッツァは、この学習から1週間後と6カ月後に、どれだけスワヒリ語を覚えているのかのテストを行いました。その結果、Bグループ、つまり**睡眠を挟んだときは再学習にかかる時間が半分で済みました**。しかも1週間後でも、6カ月後でもAグループに比べて記憶の成績が良いことがわかりました。

私は、高校生のときに「勉強したら、すぐに寝ろ」と担任の先生に言われていて、本当に根拠がある話なのかどうか疑っていましたが、実際にも効果的であることがこれでわかりました。先生は、適当なことを私に言っていたわけではなかったのです。

勉強が終わると、ついつい気晴らしをしたくなります。すぐに眠ってしまうと、なんとなく損をしたように感じるかもしれません。けれども、勉強の後に余計なことをしていると、せっかく覚えた内容を忘れてしまいます。しぶしぶでも眠ってしまったほうがよいのです。

お酒をたくさん飲む人がトクをすること

米国テキサス州にあるアナリシス・グループのベサニー・ピーターズと、米国カリフォルニア州にあるサンノゼ州立大学のエドワード・ストリンガムは、「大酒飲みではない？　なら、あなたは負け犬になるかもよ」という衝撃的なタイトルの論文を発表しています。

大酒飲みほど勝ち組になれるとは、どういうことなのでしょうか。たくさんのお酒を飲むと、意識は混濁《こんだく》してきますし、健康を害しそうですし、翌日にはひどい二日酔いに悩まされて仕事も手に付かなくなるように思うのですが、どうして勝ち組になれるのでしょうか。

実は「お酒を飲む人のほうが収入は高い」という、はっきりしたデータがあります。統計を見ると、お酒を飲む人は、飲まない人より10％以上も収入が高いという事実があるのです。

とはいえ、お酒のアルコール成分が、何か直接的に仕事に役立つのかというと、そういうわけではありません。お酒には、そんな魔法のような効果はありません。

お酒を飲むことは、「ネットワークを広げる」ことに役立つ、というのがピーターズらの主張です。難しい言葉で言うと、お酒を飲むことは「社会的資本」になるのです。

１人で静かにお酒を飲むという人もいるでしょうが、たいていの場合、お酒はほかの人と一緒に大勢でワイワイと飲みます。よって、「たくさんお酒を飲む」ということは、それだけ「たくさんの人と会う」ことになります。そうして人脈ネットワークがどんどん広がりやすくなります。人脈が広がれば、当然ビジネスチャンスも増えていくわけで、結果的に収入も多くなるのです。

ピーターズらは、大酒飲みほど収入が高くなることを〝ドリンカーズ・プレミアム〟と名付けています。**お酒を飲む人は、10%のドリンカーズ・プレミアムが付いた収入を稼ぎ出すことができる**そうです。また、頻繁《ひんぱん》に外に飲みに出かける人は、さらに7%を上乗せした年収になるという計算値を出しています。

ただし、ここで注意してほしいのは、あくまでも「ネットワークの形成」に役に立つようなお酒だということです。

いつでも決まったメンバーで飲んでいてはいけません。どうせ**お酒を飲むのなら、できるだけ違う部署とか、違う会社の人と一緒に飲みましょう**。1人でバーに出かけて、知らない人に話しかけるのもよいですね。

そうやってネットワークを形成するからこそ、プレミアムの恩恵を受けられます。ただ単純にお酒が好きだからという理由で、**自宅で1人で飲んだり、決まったメンバーと飲んだりしていても、収入は上がりません**のでご注意ください。

精神力は訓練で鍛えられる？

意志力や精神力、自己コントロール能力といったものは、生まれつき決まっているのでしょうか。もし生まれつきの能力だとすると、意志が弱くて、何ごとにも我慢できない人は、いつまでも我慢できないままでしょうし、仮に学習によって訓練できる能力なのであれば、うまく訓練すれば、筋肉のように鍛えることができるはずです。

どちらが正しいのかというと、心理学的には後者です。**私たちの精神力は、鍛えようと思えばいくらでも鍛えることができる**ことが明らかにされています。

米国ニューヨーク州立大学のマーク・ムラヴェンは、精神力（自己コントロール能力）は、練習によって鍛えられることを実験的に確認しています。

どうやって鍛えるのかというと、そんなに難しくはありません。日常的に何らかの衝動が起きたら、それをちょっぴり抑制するだけでよいのです。毎日、ちょこちょこと衝動を抑制していると、それが精神力を鍛える訓練になります。

たとえば、「タバコが吸いたいな」と思っても、「せめて5分だけ我慢してみよう」とか、

「頑張って10分我慢してみよう」というだけでも精神力は鍛えられます。本能的な衝動の言いなりになるのではなく、自分の衝動は自分でしっかりと抑え込む、という訓練になるのです。

ムラヴェンは、「甘いものが食べたい」という気持ちが起きたときに、「今日は我慢して明日食べよう」というように、少しずつ我慢する訓練を、２週間にわたって実験の参加者にやらせてみました。すると、その後の**自己コントロール能力のテストの得点がアップするという結果が得られた**のです。訓練は大成功でした。

また、ハンドグリップを１日に２回握らせて、苦しくて「もうやめたい」と思っても、さらにもうちょっとだけ頑張らせるという訓練もしましたが、こちらも大成功でした。

私たちも、日常のいろいろなところで我慢するとよいかもしれません。エスカレーターに乗りたいと思っても階段を使うとか、電車の中で座りたいと思っても立ったまま我慢するとか。エスカレーターではなく階段を使うことで、「歩く訓練」になるでしょうし、電車の椅子に座らず立っていることは「体幹を鍛える訓練」になるかもしれません。それ以上に、やりたくもないことをやるということで精神力を鍛えるトレーニングになります。

もう仕事をやめて休憩を入れたいと思ったときに、さらに15分だけ頑張ってみる、ということでも精神力は鍛えられるでしょう。そういうところで、**ちょこちょこと自分がイヤがることをやっていれば、精神力は筋肉と同じように鍛えられる**のです。

やさしく教えるべきか厳しく教えるべきか

教育関係の本を読むと、必ずと言ってよいほど「ホメて伸ばす」というアドバイスが載っています。

たしかにそれは間違いではありませんが、細かく言うと「半分だけ正解」が事実です。相手が初学者であれば、どんどんホメてあげるのがよいでしょう。そのほうがやる気も出てくるからです。**「ホメて伸ばす」というのは、あくまでも相手が初学者のときだけ**です。

教える相手が上級者になると、自分の弱い部分を修正して、さらに成長したい、という気持ちが強くなってきます。そのため上級者に対しては、厳しい批判や細かい注文を付けてあげたほうが、むしろ喜ばれるのです。

米国ニューヨーク州にあるコロンビア大学のステイシー・フィンケルスタインは、フランス語の初級クラス（簡単な会話と文法を学ぶ）を履修《りしゅう》している学生と、フランス語の上級クラス（フランスの古典文学を読み、論文をフランス語で書く）を履修している学生に対して、「あなたは、ホメてくれる先生と、ビシビシ指導してくれる厳しい先生にそれぞれ何点を付け

図1　ステイシー・フィンケルスタインの調査結果

	初級クラスの学生	上級クラスの学生
ホメてくれる先生	4.96点	4.25点
厳しい指摘をしてくれる先生	4.92点	5.45点

※数値は7点満点。7点に近いほど「満足度が高い」ことを示す

ますか？　7点満点で答えてください」と質問してみました。

すると、図1のような結果になったそうです。

数値をご覧いただければ明らかなように、**初級クラスの学生は、ホメてくれる先生に高い点数を付けました**。あまり厳しくしてほしくはないようです。

ところが、**上級クラスの学生は、自分のダメなところもビシビシ指導してほしいと考えていました**。「そんなにホメてくれなくてもいいから、どうすればもっと自分のスキルが改善されるのかを指摘してほしい」という気持ちのほうが強いのです。

部下の指導法の本などを読んで、「なるほど、部下はホメて伸ばすのか」と短絡的に考えてはいけません。

もちろん、新入社員や右も左もわからないような部下には、やさしくしてあげたほうが喜ばれるでしょう。けれどもある程度のスキルや知識を身に付けた部下であれば、「ホメて伸ばす」などと甘っちょろいことを言っていないで、ビシビシ指導してあげたほうが、かえって喜ばれるものなのです。

子どもが勉強したくなる条件

子どもに勉強を教える苦労は、並大抵のことではありません。なぜなら、たいていの子どもは勉強などしたくはないからです。

「さあ、机に座りましょうね」

「さあ、ご本を読みましょうね」

と、ちょっとでも「勉強の雰囲気」を感じさせると、それまで機嫌が良かったのに、とたんにふくれっ面をしてしまうこともしばしば。子どもに勉強を教えるのは、とても難しいのです。

では、どうすればよいのかというと、**にこやかに笑いを交えながら勉強を教える**のです。

たいていの親は、子どもがすぐに理解できないと、イライラしたり不機嫌な声を出したりします。そのため、子どもも理不尽に怒られているように感じて、勉強が好きになれません。

とにかく子どもを楽しませること。笑わせてあげること。これを心がけるだけでも、子どもは「勉強って、けっこう面白いんだな」と感じてくれるようになります。

米国ペンシルバニア州立大学のアラン・カディンは、勉強の遅れがある小学生を対象に、先生が笑いながら教えるというやり方に取り組んでもらいました。

すると、**落ち着いて机に座っているという行動が、1・3%から8・6%にアップした**といいます。落ち着きがなく、すぐに走り回ってしまう子どもでも、勉強に楽しみがあるのであれば、なんとか我慢できるようになるのです。

もう1つのコツは、抱きしめてあげること。

あまり知られていませんが、子どもにとって身体的な触れ合いは、かなりのごほうびになります。抱きしめられることに抵抗を覚えるのは、思春期の頃から。それまでは抱きしめられることが大好きです。抱きしめられながら勉強を教えてもらうと、勉強も好きになります。

カディンは、先生が抱きしめながら教えるというグループも設定して実験してみましたが、こちらのグループでは、**落ち着いて座っている行動が0・2%から19・8%へと大きくアップ**することがわかりました。

「よくできた！　えらいっ！」と言いながら、頭をなでてあげたり、抱きしめてあげたりすると、子どもも嬉しいでしょう。「もっと勉強しよう」という気持ちにもなるでしょう。

ところが普通の親はこれとは逆のことをしています。子どもができているときにはまったくホメずに、できないときには金切り声をあげて怒鳴りつけます。これでは、子どもだって勉強がますます嫌いになってしまいます。

就職面接でアピールするべきポイント

就職面接を受けるのであれば、これまでに自分がどんなことをしてきたのかという「実績」よりも、**将来的に、こんなことができるという「ポテンシャル（潜在能力）」をアピールしたほうがよい**ですよ。そのほうが面接官のウケも良くなりますからね。

米国カリフォルニア州にあるスタンフォード大学のザッカリー・トルマラは、「あなたがNBAのチームの管理者だったとして、この選手の来年の年棒をどうしますか？」という質問をしてみたことがあります。

それから選手のプロフィールを読ませるのですが、そのプロフィールは2つ用意されていました。

1つは過去5年間で自分が挙げた得点についての実績のみをアピールするもの。

もう1つのプロフィールでは、5年間の実績についても書かれていましたが、「6年目にはこれだけの得点を挙げられるだろう」というポテンシャルのほうが重点的にアピールされていました。

それから管理者に6年目に払いたい年棒を答えてもらったところ、実績をアピールしたときには426万ドルという結果になり、ポテンシャルをアピールしたときには525万ドルという結果になりました。**過去5年間での実績は同じでも、そこにポテンシャルが加わると、年棒がいきなり100万ドル近くもアップしてしまった**のです。

就職面接では、あまり実績を口にしてはいけません。

「私は、○○を受賞したことがあります」というのは、なんだか自慢しているようで、面接官のウケもよろしくないのです。実績をアピールするよりも、むしろ「私は、3年以内に○○を受賞する力があります」とポテンシャルをアピールするのがよいでしょう。そのほうが採用してもらう見込みも高くなるでしょう。

私たちは、ついつい実績をアピールしたほうが自分の価値を高く評価してもらえると思い込んでしまうものですが、そんなことはありません。むしろ、実績が少しくらい足りなくとも、将来的にこれだけのことができる、というポテンシャルをアピールしたほうが、相手の心には響くものなのです。

男性がプロポーズするときにも、「私は1年間にこれだけのお金を稼ぎます」という実績アピールをするより、「私は1年間にこれだけのお金を稼げるような男になります」とポテンシャルをアピールしたほうがうまくいきそうな気がするのですが、いかがでしょうか。

簡単に痩せられる意外な方法

まったく同じ量の料理でも、大きなお皿に盛り付けられていると相対的に少なく感じてしまい、小さなお皿に盛り付けられていると、山盛りになっているように感じます。

したがって、**同じ量の料理を食べても、小さなお皿で料理を食べると、大きなお皿で食べるときよりも、「ものすごくたくさん食べた」という気持ちになれます**。少ない量でも、お腹がいっぱいになったように思えるのです。

米国ジョージア工科大学のコート・イッターサムは、このことを実験的に確認しています。イッターサムは、キャンベルのトマトスープを大きさの違うお皿にできるだけ同じ量になるように注ぎ分けさせる、といった実験を行いました。

すると、たいていの人が、**小さなお皿に大きなお皿より8・2%も少なく注ぐことが明らかにされました**。大雑把《おおざっぱ》に言えば、小さなお皿で食事をすれば、大きなお皿で食べるときに比べて10%くらい量を減らすことができるということです。

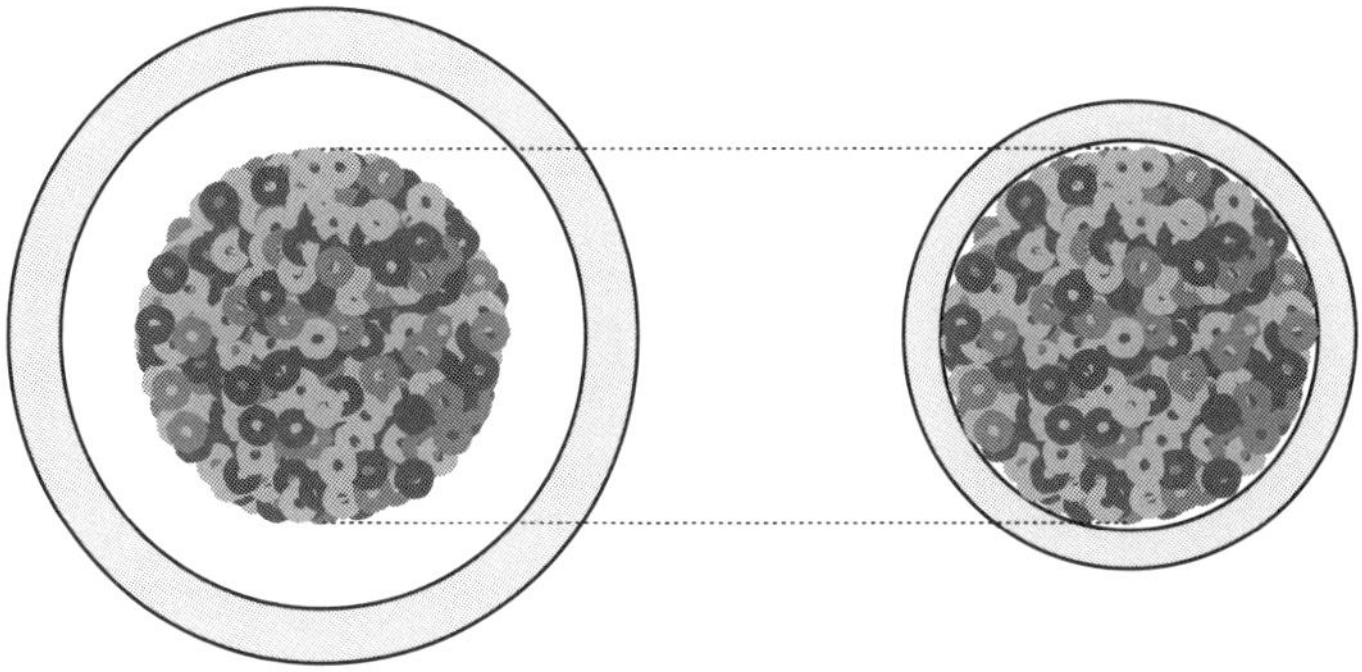

もしダイエットを考えているのなら、自分が使うお皿を小さくしてみるのはどうでしょうか。相対的に食べる量を減らすことができます。

また、この原理は、飲食店でのマーケティングにも応用できそうです。

たとえば、私がレストランの経営者なら、できるだけ小さなお皿を使うでしょう。

なぜかというと、小さなお皿に料理を盛り付けたほうが、お客に満足してもらえるからです。小さなお皿なら多く見えるため、「こんなに山盛りにしてくれた！」とお客も感激するでしょう。ところが大きなお皿に同じ量の料理を盛り付けても、「なんだかケチくさいな」と感じさせてしまうかもしれません。

小さなお皿を使ったほうがコストパフォーマンスも良く、しかもお客にも感激してもらえるという、一石二鳥の効果が狙えるのです。

交渉上手がやっていること

ビジネス上の交渉では、お金がかかっているのでどちらも真剣になり、丁々発止《ちょうちょうはっし》のやりとりがなされます。

その際に、ちょっとだけ遊び心を出して、相手を笑わせてみるのも悪いことではありません。というのも、**相手を笑わせることができれば、交渉もうまくいってしまう**からです。

大笑いした人間は心が広くなるというか、強硬な態度を取れなくなるというか、「まあ、今回は譲ってやるか」と思うらしく、大きく譲歩してくれるようになります。冗談こそが、交渉の決め手になるのですね。

米国カンザス大学のカレン・オークインは、絵画をめぐって売り手と買い手に分けて、疑似的な交渉をやらせるという実験をしました。

売り手と買い手のどちらになるのかは、インチキなクジで決められます。サクラは必ず絵画の売り手になり、本当の実験参加者は買い手になることになっていました。

サクラは、買い手がどんな価格を提案してきても、最終的には2000ドルの譲歩をして、

「これが私の最終的な提案です」と言うことになっていました。

この際、半分の参加者との交渉において、サクラは冗談も言いました。「これが私の最終的な提案です。ついでに私のペットのカエルもお付けしますよ」と言うことになっていたのです。私には、これのどこが面白いのかよくわからないのですが、アメリカ人にはウケるのでしょう。サクラは、残り半数の参加者との交渉のときには、ただ「私の最終的な提案は○○ドルです」と言うだけでした。

では、冗談を言うことで相手は譲歩してくれたのでしょうか。

その割合を測定してみると、たしかに**冗談を言った後には相手は譲歩してくれました。53%の人が譲歩**してくれたのです。冗談を交えず、ただ2000ドルを引いた価格を相手に伝えたときには、譲歩をしてくれる人はもう少し減りました。**冗談を言わない場合は45%の人しか譲歩してくれなかった**のです。

冗談で相手を笑わせれば相手からの譲歩を引き出せることが、この実験でわかります。

どんなにつまらない冗談でも、取りあえず言ってみましょう。それで相手が笑ってくれれば、その後の交渉は比較的ラクなものになります。もし相手が笑ってくれないのなら、さらに冗談を畳みかけ、相手が失笑するくらいまで頑張りましょう。「失笑」も笑いには違いありませんから、交渉は和やかなムードになって、相手からの譲歩を引き出すことができそうです。

金額交渉でやってはいけないこと

交渉をするときには、なるべく細かな金額を提案したほうがよいでしょう。キリのよい金額のほうが計算しやすいでしょうが、相手にナメられてしまいます。

「100万円でどうでしょう?」と提案するよりも、「106万5千円ではどうでしょう?」と提案したほうが、相手にも「こいつは手ごわい交渉者だ」と感じさせることができるのです。

もちろん、こういう**細かな金額を提案したほうが、相手からも大きな譲歩を引き出すことができます**。

米国ニューヨーク州にあるコロンビア大学のマリア・メイソンが、インターネットで仮想交渉実験に参加してくれる人を募ったところ、280名が快く応じてくれました。参加者の年齢は平均30・4歳です。

この仮想交渉では、宝石の買い入れをめぐって店主とお客とがやりとりをすることになっていました。参加者は店主になったつもりで、お客から宝石を買い入れします。

宝石の売り手は、3つの買い取り価格を提案しました。「19ドル」「20ドル」「21ドル」です。

メイソンの仮説によれば、売り手の人間が、「20ドル」というキリのよい金額を提案したときには、実験参加者たち（店主側）に「こいつは宝石に詳しくないな」とナメられて、買いたたかれることになっていました。

データを取ってみると、まさにその通りの結果になりました。**キリの良い金額を出すと、こいつは与《くみ》しやすいから、強く押せばもっと譲歩してくれそうだな、と相手に思われてしまう**のです。

20ドルではなく、19ドルとか、21ドルといったように、端数が入った金額を提案されると、「しっかりした根拠があって、そういう端数の入った金額を提案しているに違いない」と私たちは考えます。つまりは、「手ごわそうな交渉相手」と感じて、あまり厳しいことを言わなくなるのです。

交渉をするときには、なるべく細かな金額を提案しましょう。

仮にその金額にたしかな根拠などなくとも、相手は、「細かいところまで計算し尽くしてそんな金額を提案してきたのだな」と思ってくれます。

10万円とか、１００万円といったようなキリのよい金額を提示すると、「こいつは何も知らないカモだな」と思われ、足元を見られますので気を付けましょう。

プレゼンに使える「3の魔法」

日本人は「3」という数字が大好きです。「三度目の正直」「早起きは三文の徳」「仏の顔も三度まで」と、「3」のつくことわざはいくらでもあります。ほかにも「御三家」「三本締め」「万歳三唱」など、3を含んだ言い回しは、探そうと思えばいくらでも見つかりそうです。これは欧米でも同様で、欧米では〝3の魔法（チャーム・オブ・スリー）〟と呼ぶそうです。

日本でも欧米でも、**「3つ」が、ちょうどよいおさまりになる**のかもしれません。1つ2つではちょっぴり少なく、4つ以上ではちょっとくどいと感じられてしまうからでしょうか。

この原理を知っておくと、たとえばプレゼンテーションでは、**アピールポイントは3つに絞ったほうがよい**、ということがわかります。訪問販売をするときにも、結婚式のスピーチをするときにも、やはり3つがよいでしょう。4つになるとくどいと思われますからね。

米国カリフォルニア州立大学のスーザン・シューは、3の魔法についての実験を行っています。

シューは新商品のシリアルを評価するという名目で、2つのアピールをした場合、3つのアピールをした場合、4つのアピールをした場合を比較してみました。

アピールする点は、従来品と比較して、「よりヘルシー」「より味が良い」「より歯触り感アップ」「より高品質」の4つでした。この4つのうち、どれをアピールするかを毎回ごちゃ混ぜにしながら、2つをアピールした場合、3つをアピールした場合、4つをアピールした場合に得点を付けてもらいました。

その結果、**2つでも4つでも評価はイマイチで、3つのときにいちばん高い得点を付けてもらえることがわかりました**。どんな点をアピールしてもかまわないのですが、とにかくその数は3でなければダメなようです。


「ヘルシーで、味が良い」と2つアピールされても、少し物足りないような感じがします。リズムも良くありません。これが「ヘルシーで、味が良くて、歯触り感もアップしていて、より高品質なんですよ」と4つになると、今度はちょっとモタモタしているように感じます。しかも良い点ばかりが挙げられていて、うさんくさくも感じます。「ヘルシーで味が良く、より歯触り感がアップしました」のように、やはり3つがちょうどよいのでしょう。

初夢には「一富士、二鷹、三茄子」を見ると縁起が良いといわれています。実はこの言葉には続きがあるのをご存じでしょうか。「四扇、五煙草、六座頭」。けれどもそこまで入れるとなんだか間延びしてしまうので、たいていの場合は「三茄子」までにしているのでしょう。

相手の人間性がわかる心理テスト

突然ですが、ここでちょっとした心理クイズをしてみましょう。

自分のおでこに、指でアルファベットの大文字「E」を書いてみてください。簡単ですよね。できましたか？

では、お聞きします。いま、みなさんが書いた「E」は、どちら向きでしたか。自分から見て「E」という書き方をしましたか。それとも、カタカナの「ヨ」に見えるような書き方をしましたか。

このクイズは、米国ニューヨーク市立大学のグレン・ハスが考えたものです。ハスは、自己意識尺度というテストをやらせる一方で、おでこに「E」を書いてもらうという研究をしてみました。

その結果、**パブリックな自己意識の高いグループの54%が、「E」が相手から読めるように、つまり自分から見てカタカナの「ヨ」に見えるような書き方をした**のです。自己意識の低いグループでは、相手から読めるように「ヨ」と書いたのは、32%です。

普段から、「私は、ほかの人にどう思われているんだろう？」「私の姿は、他人にどう見られているんだろう？」と**他人の目を気にする人は、「E」を書くとき、無意識のうちに、「相手に読めるように」書きます**。そのため、自分から見ると、「ヨ」のようにEを書くのです。

その点、他人のことなどおかまいなしで自己中心的なタイプは、自分のことしか考えませんから、自分の側から見たEを書きます。

もし私が企業の採用担当者で、お客に対するホスピタリティとか、職場の人に対する気配りや思いやりを重視して人を採用するとしたら、おでこにEを書いてもらうでしょうね。私がEと読めるように書いてくれる人は、他人に対する気遣いができる人だと思って間違いありません。

この心理クイズは、特に何かの道具を必要とするわけではありませんし、一瞬で終わりますから、ぜひみなさんも友達などにやらせてみてください。

気になる人がいて、告白するかどうかを迷ったときにも、このEテストは役に立ちます。「ちょっとEをおでこに書いてみてよ」とお願いして、こちらが読めるようにEを書いてくれるのなら（相手から「ヨ」に見えるように書いているのなら）、その人は、相手に対して気遣いができる人でしょう。安心してお付き合いしてよい人だとわかります。

見た目にお金をかければ収入も上がる

「おめかし」はとても大切です。**しっかりおめかしすれば、だれでも魅力的になれる**からです。

もちろん生まれつきの顔立ちも魅力に影響します。けれども、見た目の良さは顔立ちだけで決まるのではありません。どれだけおめかしに時間とお金をかけるかで、ずいぶん変わってくるものなのです。

そして、おめかしに費やすお金は決してムダにはなりません。なぜなら、それによって自分の収入もアップするからです。だれでも、見た目が良い人と一緒に仕事をしたいと思うに決まっています。**同じような実力なら、見た目が良い人に仕事を回そうとする**ものです。

米国テキサス大学のダニエル・ハマーメッシュは、週に30時間以上働き、夫のいる853名の女性について調べてみました。何を調べたのかというと、彼女たちがどれくらい服装と化粧にお金をかけているのかと、彼女たちの収入についてです。

その結果、**服装と化粧にお金をかけている人ほど、収入が15％以上も高いことがわかった**のです。おめかしすることは、収入をたしかに引き上げてくれるようです。

おめかしをすれば、「私はとっても魅力的」という幸せな気持ちになれます。自信を感じることができますし、堂々とした態度で人に接することができるようにもなります。おめかししていない人は、自分が魅力的だとは感じられませんから、どこか卑屈な態度を取るようになってしまいます。これでは、仕事もうまくいきません。

ハマーメッシュは、女性を対象にして、おめかしをすることが収入をアップさせるのに役立つことを明らかにしたわけですが、**同じことはもちろん男性にも当てはまります**。

いつでも汚らしい格好をして、髪はボサボサで、肌がカサカサだったりすると、それだけで周囲の人に敬遠されてしまいます。「こういう人と、あまり付き合いたくないな」と感じさせてしまうのです。そういう人は、どんな職種であっても成功する見込みはあまり高くありません。

見た目がまったく関係しない業種というのはめったにありません。どんな職業でも、見た目はかなり重要です。

「人は見た目で決まるんじゃない！」

「男は内面の美しさで勝負だ！」

そんな古くさいことを言う人は、いまでは少ないとは思うのですが、まだまだ自分の見た目に無頓着《むとんちゃく》な男性は多いと思われます。おめかしは重要だと重ねて申し上げたいと思います。

第2章

心の不確実さが見える心理学研究

幽霊が人の悪事を防ぐ？

周囲にだれも人がいなくとも、私たちは基本的に悪事を働きません。「お天道《てんと》さまがちゃんと見ているから」と思うことが、悪い気持ちを抑制するのです。

自分は絶えずだれかに見られているのだなと思えば、社会全体が正直になっていきます。そのため、世界中のどんな社会でも、私たちは、自分たちの行動を正しくするための存在として、神さまであるとか、お天道さまであるとか、そういう大いなる存在を考え出したのでしょう。

ちなみに、私たちは幽霊が出るところでも、悪いことを控えるようです。「幽霊が自分を見ている」と思うと、やはり悪いことはできなくなるのです。

これを実験したのが、米国アーカンソー大学のジェシー・ベリング。

ベリングは、大学生たちにコンピュータの前に座ってもらって、あるテストをやらせてみました。ただし、テストを受けてもらう前に、こう注意しておきました。

「プログラムに問題があって、ときどき、正解が画面に出てしまうことがあるんですよ。そんなときにはすぐにスペースキーを押してくださいね。そうすれば、答えが消えますから」

スペースキーを押せば答えが消えるとはいっても、やろうと思えばいくらでもカンニングできるようにしておいたわけです。

さらに実験を始めるに当たって、一部の大学生には「そうそう、この実験室には、かつて突然死した学生の幽霊が出るといわれていますが、あまり気にせずに」とも伝えておきました。もちろん、デッチ上げの話です。

ベリングは、テストの最中にスペースキーを押す時間を測定しました。その結果、**幽霊の話を聞かせていない条件では、約7秒でスペースキーを押していることがわかりました**。正解が画面に出てから7秒も見ていたのですから、けっこうカンニングもできたと思われます。

では、**幽霊の話を聞かされていた学生ではどうだったのでしょうか。こちらは、平均して約4秒でスペースキーを押していました**。答えが画面に出ても、正直にすぐにスペースキーを押して消そうとしていることが、この時間の短さでわかります。

ベリングによると、**私たちは、超自然的な存在を感じると、とても正直になる**ようです。「悪いことはできないな」と自分の行動を慎もうとするのです。

最近の人たちは、神さまであるとか、お天道さまであるとか、そういう存在については、あまり信じていないように思われます。悪いことをしてもあまり気にしない人が増えているように感じるのは、そういうこととも関連しているのかもしれません。

自分の能力を正確に見積もる方法

私たちは、やろうと思えば自分の衝動などいくらでもコントロールできる、と思い込んでいます。

「やめようと思えば、タバコなんてすぐにやめられる」
「痩せようと思えば、ダイエットなんて簡単にできる」
「勉強しようと思えば、一日に何時間だって勉強できる」

私たちはおバカさんですから、自分の衝動をコントロールすることの難しさがわからないのですね。「タバコを吸いたい」という衝動をコントロールするのがいかに困難か、「遊びたい」という衝動を抑えて勉強をするのがいかに大変なのかを、うまく予想できないのです。

では、どうすれば自分の衝動コントロール能力を正確に見積もることができるのでしょうか。

それには、**精神的に疲れていたり、お腹が空いていたりするときに、自分の能力を見積もるとよい**ようです。衝動をコントロールすることがいかに難しいかを身を持って体験できるため、より客観的に自分のコントロール能力を推定することができるわけです。

米国イリノイ州にあるノースウェスタン大学のローラン・ノードグレンは、「自分が好きなお菓子を1週間食べずに我慢すること」が、どれくらいうまくできるのかという実験を行っています。

1週間、好きなお菓子を食べずに我慢できた人には、4ドルのごほうびが出ることになっていました。ノードグレンは、「あなたは好きなお菓子を1週間、我慢できますか？」という質問を、これからカフェテリアに入ろうとしている人にしてみました。彼らはカフェテリアにやってくるくらいですから、お腹が空いている人たちです。

そういう人たちに予想をさせて、**1週間後にきちんと我慢できたかどうかを調べると60・5%が正しく予想できていることがわかりました**。

次にノードグレンは、カフェテリアから出ていこうとしている人をつかまえて同じ質問をしてみました。彼らは、カフェテリアで食事をしたばかりの人たちです。こういう人たちは、自分の衝動コントロール能力を過剰に見積もり、**1週間後に結果を確認すると、39・0%しか正しく予想できていなかった**のです。

自分の衝動コントロール能力を客観的に判断したいのであれば、疲労困憊《こんぱい》のときや、眠くて眠くてたまらないときや、お腹が空いて我慢できないようなときに推定するとよいでしょう。そういうときのほうが、自分の能力をかなり正確に知ることができるはずです。

本当に雨の日にヒザは痛くなるのか

天気に関して、私たちはいろいろな信念というか、個人的な思い込みを持っています。いや、思い込みというよりは、本当のことだと信じ込んでいます。

たとえば、「雨の日には、ヒザが痛くなるんだ」といったことを口にする人はけっこう多いのですが、本当にそんなことがあるのでしょうか。

カナダにあるトロント大学のドナルド・レーデルマイヤーは、リューマチ性関節炎に悩んでいる患者18名にお願いして、15カ月に渡って関節炎の記録を取ってもらいました。どんなときに関節炎がひどくなるのか、あるいは痛みが軽くなるのかを調べたのです。

その一方で、レーデルマイヤーは、患者の住んでいる地域の天気、気圧、気温、湿度なども調べておきました。あとで患者さんから記録が上がってきたときに、それらの要因との関連性を調べるためです。

なお、事前の調査では、18名の患者のうち、1名を除く全員が、「天気と自分の関節炎には密接な関係がある」と信じていました。また、2名を除く全員が、「この関係性はとても強いので、その日のうちに痛みが起きる」と信じていました。

けれども、**実際のデータと突き合わせてみると、天気はおろか、気圧も、気温も、湿度も、どれもこれもまったくの無関係だった**のです。

雨だから関節炎がひどくなるということもなければ、湿度が高い日にひどくなるということもありませんでした。**「雨の日には、自分のヒザや肩が痛む」というのは、まったくの思い込みにすぎなかった**のですね。

レーデルマイヤーは、天気や気圧のデータと、関節炎の自己報告のデータを２日前、前日、翌日、２日後とズラした場合の条件でも、調べてみました。雨の日の翌日に痛みがひどくなるとか、前日にひどくなるとか、そういう時間的なズレがあるかもしれないからです。けれども、日付をズラしても、やはり関係性はゼロでした。

「天気と病気には何らかの関係がある」

私たちは、なんとなくそんな風に考えています。天気によって慢性病がひどくなったりすると思っている人がいるかもしれませんが、どうもそれは錯覚でしかないようです。

もしあるとしても、それは**本人の思い込みが引き起こすものであって、単なる自己暗示にすぎません**。「雨の日には、私のヒザは痛くなる」という暗示を自分にかけているので、ヒザが痛いように感じるだけで、実際の天気がヒザに悪影響を及ぼしているわけではないのです。

社会的な孤立が広がっているのは日本だけ？

「孤独死」という言葉があります。独りきりで、だれに看取られることもなく、寂しく死んでいくというニュアンスがこの言葉にはあります。田舎のコミュニティでは、どんどん人が減っていき、孤立した生活者が増えているそうです。

では、東京のような大都会なら孤独を感じないかというと、そんなこともなくて、社会的に孤立していると感じている人は少なくありません。こういう現象をニュースで見聞きしたりすると、「なんだか日本は、どんどん孤立が広がっているみたいだな……」と思われるかもしれません。けれども、外国のデータに目を転じてみると、**社会的な孤立が広がっているのは日本だけではない**ということがわかります。そう思うと、ちょっとだけ安心できませんか。

米国アリゾナ大学のミラー・マクファーソンは、「アメリカにおける社会的な孤立」という論文を発表しています。

米国では、代表的な国民のサンプルを集めた、ジェネラル・ソシアル・サーベイ（ＧＳＳ）という大規模な調査が行われています。１９８５年と２００４年のＧＳＳのデータを使って、

約20年間でどれくらい孤立した人が増えているのかをマクファーソンは分析してみました。「あなたには、大切なことを話す人が何人くらいいますか?」という質問に対して、1985年には、平均2・94人という答えが返ってきました。ところが2004年の調査では、これが平均2・08人へと減っていました。

また、「大切なことはだれにも話さない」という人は、1985年にはわずかに10・0%で、「1人にだけ話す」という人が15・0%でした。ところが、2005年には、「だれにも話さない」が24・6%と大きく増加し、「1人にだけ話す」も19・0%に増えていました。

アメリカ人というと頻繁にパーティーをするといったように社交的なイメージがありますが、わずか20年間ほどで大きく変化しているようです。**日本と同じように、自分一人の世界に引きこもって他人とはできるだけ付き合わない、という人がじわじわと増えている**のです。

「最近の日本人は、みんな自分一人で好き勝手に生きていて、孤立している」ということを懸念している人がいるかもしれません。これでは社会やコミュニティが成り立たなくなってしまう、と本気で心配している研究者もいます。

けれども、孤立している人が増えているのは、特に日本でだけ起きていることなのではなくて、アメリカでもそうなのです。ひょっとすると、先進国ではどこでもこういう現象が見られるのかもしれません。

聴診器を持つだけで患者から信頼される

第1章で、「メガネで人の印象はずいぶんと変わるんですよ」というお話をしました。同じような小道具に、聴診器があります。聴診器といえばお医者さんが使う道具です。**聴診器を持っているかどうかで、医者としてのイメージがずいぶん違ってしまう**のです。

イギリスにあるバーミンガム・シティ大学のジョージ・キャッスルダインは、「見た目の印象はとても重要」という論文を発表し、とりわけ聴診器を持つことは医者にとって必要不可欠だとさえ述べています。

どんなに優れた医学的な技術と知識があるお医者さんでも、聴診器を持っていないと、「どことなく信用できない」と患者に思われてしまいます。聴診器はお医者さんの権威《けんい》性を高めるのに、ものすごく有効な小道具なのです。

「人は見た目が9割」ともいわれます。私たちは、見た目の印象で相手を評価することが多いのですが、聴診器を首にぶら下げておくだけで、お医者さんは簡単に患者に信用されて、ありがたい存在として尊敬されたりするのですから、まことに便利な道具だと言えるでしょう。

キャッスルダインはさらに、**業務の中で聴診器を使う必要のないナースについても、聴診器を持っていたほうがよい**とアドバイスしています。理由はもちろん、そのほうが患者も素直に言うことを聞いてくれるからです。

業務として聴診器を使う必要がない福祉ケアの人たちなども、聴診器を持っているとよいかもしれません。たいていの人にとって、聴診器には「権威のシンボル」のようなイメージがあるので、持っているだけで言うことを聞いてくれますから。

私はあまりテレビには出演しませんが、以前に心理学者としてある番組に呼ばれたときには、なぜか白衣が用意されていました。私は一度も白衣など着たことはないのですが（笑）。

おそらく番組制作者としては、少しでも私に**〝権威付け〟**をさせたかったのでしょう。そのため、白衣という小道具を準備してくれていたのだと思います。白衣というのも聴診器と同じように、権威付けをするときにはものすごく便利なアイテムですから。

ちょっとした小道具を使えば、自分の印象を知的に見せたり、専門家のように見せたりするのは難しいことではありません。メガネをかけて、聴診器を首からぶら下げて、白衣でも着ておけば、たいていの人は権威のある人だと思ってくれますよ。

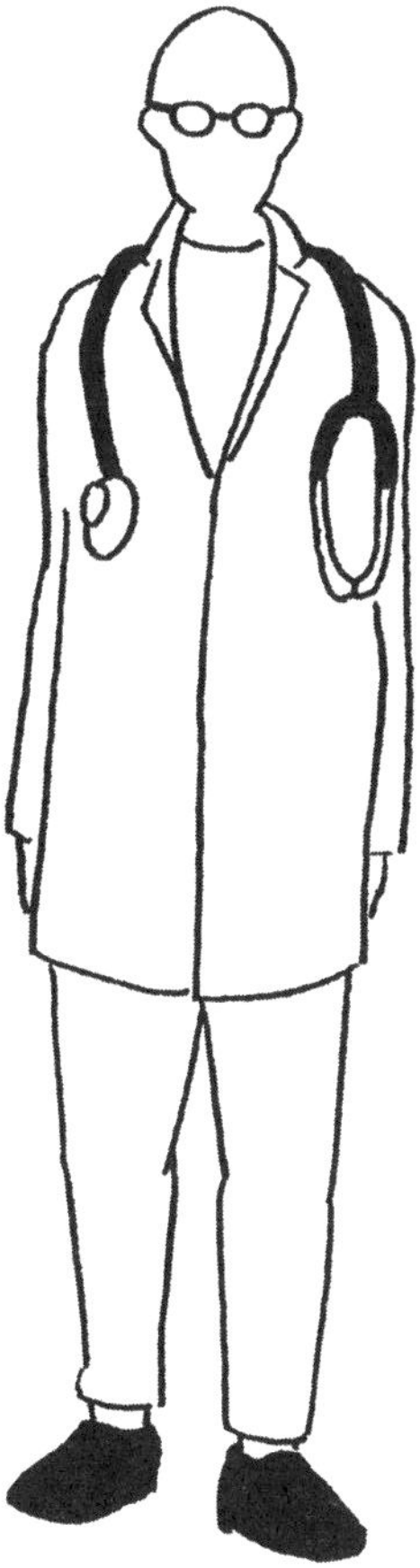

さっぱり理解できない話を聞いたとき

自分にはさっぱり理解できない話を聞いたとき、みなさんはどのように考えるでしょうか。「こいつはわけがわからない話をしているな」と思うのではなく、「たぶん自分の頭が悪いのだろう」と思うでしょう。それがごく一般的な反応です。私も大学生の頃に有名な哲学者の本を何冊も読みましたが、さっぱり内容が理解できませんでした。けれども、当時の私はその哲学者が悪いのではなく、自分の理解力が足りないのだろうと考えていました。

専門的で高尚《こうしょう》そうな話を聞かされると、たとえその内容がまったく意味不明で、支離滅裂《しりめつれつ》であったとしても、私たちは「自分が悪い」と考えて、「相手が悪い」とは思わないようです。

米国南カリフォルニア大学のドナルド・ナフチュリンは、現実の教育学会においてインチキな講演を試みる、という非常に勇気のある実験をしたことがあります。マジメな学会でそんなことをしたら不謹慎ですし、ものすごく怒られそうですが、ナフチュリンは敢行《かんこう》したのです。

ナフチュリンは、「人間行動への数理応用研究の権威」という触れ込みで、「マイロン・L・フォックス博士」という人物を学会に送り込みました。ただし、フォックス博士は実在の人物ではありません。インチキなアシスタントです。

学会には、精神科医、心理学者、ソーシャル・ワーカーの専門家たちが集まっていました。

もちろん、素人がアドリブで講演などはできませんから、ナフチュリンはアシスタントを徹底的にトレーニングしました。「体育教育における数理ゲーム理論の応用」という、もっともらしいテーマのインチキ講演をしっかり60分できるようにさせておいたのです。さらに30分の質疑応答のときにも、曖昧《あいまい》な言い回しや、自分で作ったインチキ造語、無関係な話などでうまく切り抜けるトレーニングをしっかりとやらせておきました。

講演の内容はちんぷんかんぷんだったはずなのですが、聴衆の反応はどうだったのでしょう。

ナフチュリンは講演会終了後にアンケートを配って感想を求めたのですが、「十分に具体的な例を挙げていたと思う」という回答が90%、「よく整理して話していたと思う」という回答も90%、「刺激的な内容だったか」という質問に対しては、なんと１００%が「そう思う」と答えていたではありませんか。

くり返しますが、講演自体は支離滅裂で、デタラメな内容です。**理解などできるはずはなかったにもかかわらず、専門家たちは声をそろえて「素晴らしい講演だった」と感心した**のです。

私たちは、どうも自分が理解できないことについては、「自分の頭が悪い」と考えてしまい、相手のことを責めるようなことはしないようですね。

どこで投票するかで人の意見は変わる

私たちは、自分が置かれている状況の影響を受けます。**自分がどんな状況にいるかで、自分の意見も変わりますし、振る舞いや行動も変わる**ものです。

それは、有権者としての賛否が問われる選挙においても変わりません。私たちの意見や態度というものは、いつでも一貫しているわけではなく、どんな状況で意見を言うのかによって、変わってきてしまうこともあるのです。

アメリカでは、有権者は投票する会場を、自分が住んでいる地域の教会や学校などに割り当てられることになっています。「あなたは○○教会で投票してください」「あなたは○△小学校で投票してください」と決められるわけです。

米国ペンシルバニア大学のジョナ・バーガーは、ここで1つの仮説を思い付きました。

「投票会場が学校に割り当てられた人は、教育にもっとお金をかけるべきだ、という意見に賛成しやすくなってしまうのではないか」

この仮説を調べるため、バーガーは2000年に行われたアリゾナ州での選挙を調べてみました。このときのアリゾナ州選挙では、教育への支出を増やすため、州の税金を5・0％から5・6％に上げるべきかどうか、ということが争点とされていました。

バーガーが調べたところ、投票会場が学校に割り当てられた人は、56・02％が「税金を上げるのもやむなし」と賛成に投じました。学校以外の場所で投票した人では、53・99％が賛成しました。

「なんだ、たった2％ちょっとじゃないか」と思ってはいけません。私たちの生活の大切なことを決める選挙において、2％の差というものはけっこう大きい影響力を持っているのです。

バーガーは、有権者の政治的信条であるとか、年齢であるとか、性別などの要因が影響しないように条件を統一に保つようにして、学校で投票した人と、学校以外で投票した人を比較してみました。

それでも**学校で投票した人は、「教育のためなら税金が上がるのもしかたない」と考えていることがわかりました**。

どこで投票するのかは、私たちが考えている以上に大切なのかもしれません。

できるだけ選挙の内容に影響を与えないような場所を選ぶのが好ましいのですが、なかなか中立的な場所というのは思い付かないものです。だれにでもすぐに行くことができ、それでいて選挙の内容とは無関係になる場所がどこかにあればよいのですが。

死を意識することで人は何を考えるか

チャールズ・ディケンズの『クリスマス・キャロル』という物語があります。この物語では、冷酷非情で守銭奴《しゅせんど》の主人公スクルージが、クリスマスの前日に幽霊に出会って、自分のイヤな死にざまの未来を見せられます。そして、「こんな死に方をするのはゴメンだ」と改心し、善行に励むようになります。

心理学に**〝スクルージ効果〟**という専門用語があるのですが、これは『クリスマス・キャロル』の主人公に由来する用語です。**「死に関連することを考えていると、人はなぜか良いことをしたくなる」**という心理効果を指します。

ドイツにあるルードヴィッヒ・マクシミリアン大学のエヴァ・ジョーナスは、葬儀場の前のような場所ではだれでも無意識のうちに「死」について考えてしまうので、人は知らないうちに良いことをしたくなるのではないか、という仮説を立てました。

この仮説を検証するため、ジョーナスは、葬儀場の前、あるいは葬儀場から150m離れたところで歩行者に声をかけアンケートに答えてもらいました。10のチャリティ活動について、

「どれだけ有益だと思いますか？」と尋ねてみたのです。それぞれの活動について、1から10点で評価してもらったので、合計では１００点満点です。

その結果、葬儀場の前でアンケートに答えてもらったときには、平均50・75点になりました。葬儀場が視界に入らないように１５０ｍ離れたところで同じアンケートに答えてもらったときには、平均43・93点でした。

葬儀場が目の前にあると、人はなぜか善行を積みたいという気持ちが強くなるのか、「チャリティ活動はとても重要だ」という回答を多くするようになったことがこの実験でわかります。

どんな人でも、「自分の死」というものを考えさせられると、社会に何か貢献したいとか、他人に親切にしたい、という気持ちが生まれるようです。

アメリカの大富豪の中には、若い頃はけっこうあくどいことをしていながら、晩年になって莫大な財産の寄付によって図書館を建てるなど社会貢献することが少なくありません。「鉄道王」と呼ばれたアンドリュー・カーネギーも、マイクロソフト社の創業者ビル・ゲイツも、若い頃にはあくどいことをやっていたようですが、寄付額もハンパなものではありません。

おそらくそういう人たちは、年を取ってきて、ふとあるとき自分の死について考えたのでしょう。そのため、スクルージ効果によって、社会に貢献したいという気持ちが強くなり、莫大な寄付をするようになったのだと考えられます。

「政府の発表」は信じられる？

怖い夢を見たりすると私たちは、「ひょっとすると正夢なんじゃないか」と怯《おび》えることがあります。しょせんは夢ですし、根拠などまったくないにもかかわらず、何やら本当に不幸なことが起きそうな気がしてしまうのです。

米国ペンシルバニア州にあるカーネギーメロン大学のキャレー・モレウェッジは、私たちが正夢に怯える心理を明らかにしています。モレウェッジは、ボストンのとある駅の通勤者に声をかけ、半分の通勤者には次のような質問をしてみました。

「あなたが飛行機での旅行を計画しているとして、前日に政府が『テロのリスクが高い』と発表したとします。それでもあなたは旅行に出かけますか？」

5点満点で「絶対に行く」を1点、「絶対にいかない」を5点として尋ねてみたところ、たいていの人は1点を付けました。政府が警告していようが旅行を中止するつもりはない、ということです。

モレウェッジは、もう半分の通勤者には、ちょっとだけ設定を変えた質問をしてみました。

「あなたが飛行機での旅行を計画しているとして、前日に自分が乗っている飛行機が墜落する夢を見ました。それでもあなたは旅行に出かけますか？」

するとどうでしょう。今度は5点満点で、約1・5点という結果になりました。やはり「中止するつもりはない」に近いのですが、**政府の警告よりも正夢のほうが怖いことがわかった**のです。

私たちには自分の直感のほうを信じたいという気持ちがあるのだと、モレウェッジは分析しています。

普通に考えれば政府がおかしな発表をするはずがないので、そちらのほうを信用したほうがよさそうなものです。けれども私たちは、政府の発表よりも自分の見た夢のほうを信じるですから、なんともおかしなものです。

もちろん、私たちの直感が当たるということもあります。豪華客船のタイタニック号が沈没したときにも、アメリカの大富豪、ロックフェラーはなんだか胸騒ぎがしたので乗船を取りやめて助かった、という話もあります。

そういうケースも現実にないわけではないのですが、それでもやっぱり政府が何らかの警告を出したときには、素直にそちらに従ったほうがよいでしょう。

ダイエットテープで体重は減るのか

雑誌の背表紙の裏などに、なんだか怪しげな通信販売の広告が載せられていることがありますよね。幸運の水晶であるとか、ネックレスであるとか、指輪であるとか、お守りであるとか。そういう商品を買うと、じゃんじゃんお金が入ってくるようになるとか、宝くじが大当たりするとか、異性にモテまくるようになるそうです。かなりいかがわしい匂いがプンプンします。それらの怪しげな商品の1つに、「ダイエット・テープ」というものがあります。「このダイエット・テープを聴けば、みるみる痩せます」とうたっていますが、あれは、本当に効くのでしょうか。

カナダにあるウォータールー大学のフィリップ・メリクルは、それに興味を持ちました。そこで、市販されているダイエット・テープを実際に購入してみて、その効果を確かめる実験をしました。

メリクルは、まず肥満に悩んでいる女性たちに集まってもらい、あるグループにはダイエット・テープを毎日1時間から3時間は聴いてもらうことにしました。後で調べると、みんな本気で痩せたいのか、平均1・4時間はきちんと聴いてくれたようでした。

別のグループにも、やはりダイエット・テープを聴いてもらいました。ただし、テープの中身はすり替えられていました。歯科医院で流される、不安を和らげるテープが流れることになっていたのです。彼女たちは、そうとも知らずに毎日一生懸命、どうでもいいテープを聴いたのです。

さらにメリクルは、ほかのグループの女性には「順番待ちリスト」に入ってもらいました。「参加者にお渡しできるテープの個数には限りがあるので、あなたたちはしばらくの期間待ってほしい」というわけです。

さて、5週間が経過したところで、彼女たちの体重の増減を調べてみました。すると、**本物のダイエット・テープを聴いたグループでは、実際に体重の減少が見られました**。これだけを見ると、ダイエット・テープには本当に効果がありそうに思えます。

ところが、そうではありません。**中身をすり替えられてインチキなテープを聴かされたグループでも、同じだけの体重の減少が見られた**のです。

さらには、**順番待ちリストに入っているだけのグループでも、なぜかほかのグループと同じくらい体重は落ちていました**。結局、すべてのグループで体重が減ってしまったわけです。

なぜ、こんなことになったのでしょうか。

メリクルの分析はこうです。

ダイエット・テープ自体には、残念ながら効果はありません。けれども、「私は毎日ダイエット・テープを聴いている」ということが、体重を意識させることにつながり、それによって食事も抑えられた。だから、体重が減ったのです。

インチキなテープを聴いていたグループも、やはり毎日テープを聴くことで、ダイエット意識は高まったでしょう。それによって、無意識のうちに食事量を抑制したと考えられます。同じく、順番待ちリストの女性たちも、「近々、私はダイエットプログラムに参加する」という意識を持っていたでしょうから、自然に食事を減らしたのかもしれません。

結局、ダイエット・テープ自体に何か目に見える効果があるのかというと、そんなこともないようです。**頭の中で常に「ダイエット」を意識することのほうが、体重を減らすためには役に立つ**と言えるでしょう。

自分の未来を正しく予想するには

私たちは、自分に都合の良い思考を取りがちです。

「自分ならうまくできる」

「自分なら早くできる」

と考えてしまうのです。

そのため、**自分の未来を予想すると大きく外れることがよくあります**。

私が大学生にレポート課題を出すときも、たいていの学生は、「自分なら期限内に提出できる」という見込みをします。けれども、バイトが忙しかったり、友達と急に遊ぶことになったりして、たいていの場合には期限に間に合いません。

では、どうすればより正確に未来予想ができるのかというと、「自分なら」ではなく、「ほかの人なら」と考えればよいのです。そのほうが、より正しく予想できます。

米国ニューヨーク州にあるコーネル大学のニコラス・エプレイは、カナダがん協会によってはじまった「スイセンの日（Daffodil Days）」の約5週間前に、「あなたは、チャリティのためにスイセンを買うかどうか」を学生に推定させてみました。すると83％は、「少なくとも1本は買う」と答えていました。

また、「同じクラスのほかの学生が買うかどうか」も推定させてみると、56％くらいだろうと予想していました。

そしてスイセンの日のチャリティ期間（４日間）が終わってから3日後に、実際にどれだけのスイセンを買ったのかを確認してみました。

ところが実際にスイセンを買ったのは43％。**83％の人は買うと答えていたのに、実際にはその半分くらいしか買わなかった**のです。自分の予想はこれほど大きく外れるのです。

「ほかの学生は買うと思いますか？」という質問には、56％くらいだろうと見積もっていたのですが、実際には43％の人が買っていました。**他人のことを考えたほうがより現実に近い数値を予想できた**ことになります。

「自分の立場」で予想させると、実際にはたいてい外れることになります。ですから、**未来予想をするときには、「ほかの人なら」と考えたほうがうまくいく**のです。

仕事やプロジェクトの予算や日程の予想をするときにも、「自分なら」ではなく、「ほかの人ならどれくらいかかるだろうか」と考えてみるとよいと思います。そのほうが、より正しい予算や日程を推定できますから。

友達の誕生日を思い出せますか？

読者のみなさんの友達について考えてみてください。そうですね、10人も思い浮かべていただければ十分でしょう。

さて、その中で、何人の友達の誕生日を正確に言えるでしょうか。「あれっ、Aさんの誕生日はわかるけど、Bさんの誕生日はわからないな」ということがあると思います。

そんなに親密なわけではないのに、なぜか誕生日だけは覚えているという友達がいると思えば、とても仲良しなのに誕生日はわからない、という友達もいるはずです。

実をいうと、それは**「自分の誕生日と近いかどうか」**という点で変わってきます。

たとえば8月生まれの人であれば、自分と同じ8月生まれの人、もしくは7月や9月生まれの友達の誕生日は比較的記憶に残りやすく、2月や11月生まれのように、誕生日が遠く離れた友達の誕生日は、なかなか覚えることができません。

これを心理学では、**〝自己参照効果〟**と言います。**自分に近いとか自分に関連しているものなら、スイスイ頭に入ってきて記憶にもしっかり残るのですが、自分に遠く離れたものや自分との関連性の薄いものは、記憶するのにも骨が折れる**のです。

米国ヴァージニア大学のセリン・ケセヴァーは、２２５名の大学生に、10名の友達の名前を書き出してもらう一方、もし正確に誕生日を覚えていたら、それも書き出してもらいました。次に、それぞれの友人の正確な誕生日を、フェイスブックや自分の手帳で調べてもらいました。その結果、10人の友達の中で、平均4・72人の誕生日を覚えていることがわかりました。

さらに、**覚えていた人の誕生日と自分の誕生日とのズレを調べてみると、きわめて近いことがわかりました**。平均して78・9日離れている程度なら覚えていたのです。逆に、覚えていない人の誕生日を後で調べてみると、自分の誕生日とはかなり離れていることがわかりました。平均98・4日離れていたのです。

私たちは、**自分の誕生日と比較的に近い人の誕生日ならよく覚えている**のです。自己参照効果によって、こういうことが起きるのですね。

ただし、ケセヴァーはまた、男女差があることも明らかにしています。

一般に、**女性のほうが男性よりも友達の誕生日を覚えている**ようです。10人の友達の中で、男性は平均3・38人しか覚えていませんでしたが、女性は5・26人も覚えていました。

男性は、友達の誕生日など気にしないので覚えられないのかもしれません。女性は友達を大切にしますから、誕生日についても記憶に残りやすいのでしょう。

個人では許されないことも組織なら許される

組織などの集団ではなく、個人がひどいことをすると、すぐに道徳的に非難されることになります。たとえば、ある人からみなさんがお金をだまし取られたりしたら、「この悪魔め！」「この守銭奴め！」と相手を罵りたくなるでしょう。それが人情というものです。

ところが、**まったく同じことを組織がやっても、なぜかそんなに非難されない**のです。国、あるいは県などがみなさんのお金を少しくらいだまし取ったとします。もちろん、腹は立つでしょうが、個人にお金をだまし取られることに比べたら、まだマシと感じるのではないでしょうか。

イスラエルにあるベンギュリオン大学のウルエル・ハランは、「家の所有者とリフォーム会社が、台所を新しく改装するための契約を結んだ」という内容の文章を作って、146名の人に読ませてみました。

この文章の中には、「リフォーム会社は施工の1週間前に一方的に契約を破棄した」という内容が書かれていました。とてもひどいことをしたわけです。

さて、ここまでの内容は同じですが、ここから先でハランは2通りの文章を用意しておきました。

半数の人に与えられた文章では、「リフォーム会社のＣＥＯが、より代金の高いほかの仕事を引き受けるために契約を破棄した」と、ＣＥＯ個人がひどいことをしたことになっていたのですが、残りの半数の人に与えられた文章では、「リフォーム会社が、より高い仕事を引き受けるために契約を破棄した」と、会社がひどいことをしたことになっていたのです。違っていたのはこの部分だけです。

それからハランは、この契約破棄がどれくらい道徳に外れていて貪欲《どんよく》だと思うかを尋ねてみました。

すると**個人（ＣＥＯ）がやったときのほうが、道徳に外れていて貪欲すぎると評価される**ことがわかりました。一方で、会社がひどいことをやったときには、なぜか「納得できるビジネス上の決定だ」と思われることもわかりました。

たとえ同じことをしても、個人がやったときのほうが、人には非難されます。

ですので、何か悪いことをするときには、できればほかの人も誘ってグループや団体や組織でやったほうがよいでしょう。そのほうがバレたときに怒られません（笑）。もちろんこれは冗談で言っているのであって、法に触れるようなことはしてはいけませんが。

失恋の思い出を忘れられない理由

手の届かない相手や、好きになってはいけない相手を好きになってしまうことは、思いのほかよくあることです。小説やドラマの世界だけの話ではありません。

そんなとき、「どうせ私の恋なんて実らないのだから、あの人のことは考えないようにしよう」と気持ちを抑制しようとするのが普通でしょう。けれども**残念なことに、考えまいとすればするほど、ますますその人のことが頭に浮かんできてしまう**ので注意が必要です。

米国マサチューセッツ州にあるハーバード大学のダニエル・ウェグナーは、実験の参加者に「片思いをして、結局その恋が実らなかった経験」を思い出してもらいました。芸能人やタレントはダメです。自分と接点があって、片思いしていた相手でなければなりません。

そしてウェグナーは、あるグループには眠る前の5分間、「なるべくその相手のことは考えないように」という指示を出しました。ほかのことを考えて、しかも頭に浮かんだことを日記に記録するように求めたのです。

このグループは、翌日の朝、起きたらすぐに昨晩の夢の記録も付けなければならなかったのですが、眠る前に「考えないように」と言われていると、34・1％もの人が、まさに考えてはいけない相手の夢を見てしまったのです。眠る前の５分間「好きな相手のことを考える」というグループでは、夢に見るのは28・2％でした。

「考えちゃダメだよ」と言われたときのほうが、夢に見てしまう割合は増えてしまうことがわかりました。

ウェグナーはまた、恋愛感情のない、どうでもいい相手についても思い出してもらい、同じ実験をしましたが、「その人のことを考えてはいけないよ」という指示を出しておくと、19・1％が考えてはいけない人のことを夢に見ました。「たくさん考えていいよ」と言われたグループでは、16・5％が夢に見ました。

どうも私たちの思考というものには、**〝リバウンド効果〞**のような性質があるようです。**「考えてはいけない」と思うと、よけいに「考えたくなってしまう」**のです。

「もう考えるのはやめた」というのは、心理学的に言うとあまり良い作戦ではありません。むしろ満足いくまでその人のことを考えたほうが、その後はあまり考えなくなるものです。

好きな人のことを忘れられず、いつまでも悶々《もんもん》としているのだとしたら、それは「考えないようにしないといけない」と自分に禁じていることが原因です。だからこそ、かえっていつまでも頭から離れなくなってしまうのです。

リーダーは社交的である必要はない

みんなでリーダーを決めようというとき、たいていの場合には、積極的で、社交的で、率先してよくしゃべる人が選ばれます。

そういう人のほうが、「リーダーっぽい」と感じられるためです。「リーダーシップ」という言葉は「指導力」などと訳されますが、みんなをグイグイ引っ張っていくようなパワフルな人間ほど、リーダーらしいと思われやすいのです。内気であまり自分からは話さない人や謙虚な人は、あまりリーダーに選ばれません。

神経質で細かいことばかり気にする人も、やはりリーダーに選ばれません。大雑把というか、大胆な人のほうがリーダーらしく思われるからでしょう。

米国カリフォルニア州立大学のコリーン・ベンダースキが、MBAコースの受講者227名に4人から6人でグループをつくらせ、数カ月かかる課題を与えたときもそうでした。

お互いに面識のない人同士でグループをつくらせて経過を観察すると、第1週目には社交的な人ほど、メンバーから「あの人はリーダーに向いている」という評価を受けました。最初はおしゃべりな人がリーダーになりやすかったのです。

ところが、10週目にはメンバーからの評価は変わりました。なんと、**社交的な人の評価が下がって、神経質な人の評価は逆に上がっていた**のです。

なぜこのような評価の逆転現象が起きたのでしょうか。

ベンダースキが分析したところ、社交的な人は威勢の良いことは口にするくせに、思ったほどグループに貢献してくれないということが、メンバーに次第にバレてくるのです。「あいつって口だけだよな」と馬脚《ばきやく》を表わしてしまうので、どんどん評価が下がります。

だいたい10週間も一緒に課題をやっていれば、「口先だけの人間」かどうかはわかってきます。そのため社交的な人は最初こそ良い印象を与えますが、そのうちに評価は悪くなるのです。

その点、神経質な人は細かいことを気にするので、最初はメンバーたちから「面倒くさいヤツ」と思われがちです。けれども一緒に課題に取り組んでいると、思った以上に頑張ってくれるということがわかり、グループ内での評価は高くなるのです。

「私は、どちらかというと口下手だし、小さなことばかり気にして大きな考えもできないから、リーダーには向いていない」と感じる人もいることでしょう。

そういう人はたしかに最初は印象があまり良くないかもしれません。けれども、小さなことを気にしてしっかりやっていれば、そのうちにほかのメンバーにも自分の良さがわかってもらえるはずです。**たとえ最初の印象は悪くともそのうちに印象が良くなる**のですから、自分はリーダーに不向きだなどと考える必要はありません。

同じことは内気な人にも言えます。内気な人は、あまり積極的に前に出ていくわけではないので、どうしても最初はそんなに良いイメージを与えないかもしれません。けれどもそうした人の良さは次第にわかってもらえます。あせって良いところを見せようとしなくとも大丈夫なのです。

暗い場所では人は平気でズルをする

明るい場所では人はあまり悪いことをしません。きまりが悪いというか、なんとなくそういう気持ちになれないというか、ともかく明るい場所では、人は正直で道徳的でいられるのです。ところが、薄暗いところでは違います。周囲が暗くなってくると、私たちには悪い心がムラムラと湧き起こってくるのか、悪いことをするのもへっちゃらになってしまいます。

多くの犯罪は、明るい昼間というよりは、深夜に行われますよね。昼間はとても品行方正でいられるのに、夜になると平気な顔で立小便をしてしまったり、空き缶をその辺に捨ててしまったりしてしまうのも、暗い場所が私たちの悪い心を喚起《かんき》するからにほかならないのです。

カナダにあるトロント大学のチェン・チョンは、「たくさんの照明こそが最高の警察」という論文を書いています。暗いところだと、人は平気で悪いことをするということを、実験的に明らかにしている論文です。

実験内容はこうです。まず、チョンは同じ大きさの部屋を2つ用意し、1つの部屋では蛍光灯を12本点けました。もう1つの部屋では蛍光灯を4本しか点けませんでした。明るい部屋と、その3分の1の明るさしかない部屋を作ったわけですね。

参加者には、1人ずつ封筒が渡され、その中には1ドル紙幣が9枚、25セント硬貨が4枚入っていました。数学の能力を試すような問題が20問用意されていて、1問解けるごとにその封筒からお金をもらえます。ただし、採点は自己採点で、やろうと思えばいくらでもインチキができました。参加者は自分で採点をして、封筒からお金をもらって帰るわけです。

その結果、明るい部屋の人からは、平均して7・78問の問題が解けたと報告されました。一方で暗い部屋の人は平均11・47問解けたと報告し、明るい部屋の人より1・85ドル多くもらって帰りました。

もちろん、暗い部屋のグループに頭の良い人ばかりが集まったので、たくさんの問題を解けて多くのお金をもらえた、というわけではありません。彼らは、単純にズルをしていたのです。後でズルをしたかどうかを教えてもらうと、暗い部屋では60・5％の人が「実は採点を水増ししちゃいました」と答えていました。明るい部屋では24・4％です。

この実験結果からわかるように、暗いところでは、人は平気で悪いことをしてしまうのです。省エネに取り組むことはとても良いことですが、だからといって会社の照明をむやみに減らしたりするのはどうでしょう。仕事の手を抜いたり、備品を無断で持って帰ってしまったりと、よからぬことをする人が増えるのではないかと、心理学者としては心配です。

第3章

読むのが怖くなる心理学研究

霊能力者は本当に心が読めるのか？

霊能力者とか、スピリチュアル・カウンセラーとか、メンタリストとか、占い師のような人たちは、相談者自身しか知らないことを言い当てて、ギョッとさせることがあります。

「あなたは、小さな頃に親を亡くしていますね？」

相談者は、自分しか知らないことをいきなり言い当てられるので、「この人は本物だ！」と思い込んでしまうわけですけれども、もちろん、そんなことができるわけがありません。

実は、**そういう職種の人は、適当なことを言って、さも当たったかのように思わせるのがうまいだけ**です。彼らに能力があるとしたら、超能力や霊能力ではなくて、単純に「話力」です。

たとえば霊能力者が、「あなたは小さな頃に親を亡くしましたね？」と尋ねて、相談者が「いいえ、親はどちらも生きています」と答えたとします。すると霊能力者は、「いいえ、死んだという意味ではなく、離婚しているとか、そういうことはありませんか？」とか、「お留守番ばかりさせられて、精神的に自分が捨てられたように感じたことはありませんか？」などと言いながら、うまく話のつじつまを合わせていきます。

ウェスト・イングランド大学のスーザン・ブラックモアは、『デイリー・テレグラフ』という新聞紙上で心理実験の参加者を募集し、６２３８名からの回答を得ました。

霊能力者が言いそうなリストを渡して、「あなたには当てはまりますか?」と聞いたのです。

その結果、**「あなたは左ヒザに傷痕《きずあと》がありますね」と言えば、なんと3人に1人は当てはまってしまうことがわかりました**。

読者のみなさんも、お風呂に入ったときに左ヒザを見てください。傷痕があるのではないでしょうか。ちなみに私にはあります。

けれども、これは不思議なことではなくて、ごくありふれた現象です。たいていの人は子どもの頃に野外を駆け回って転び、ヒザをすりむくからです。多くの人は利き足である右足のほうが筋肉は発達していて、蹴る力も強いので、左ヒザから転倒することが多いのです。そのため、左ヒザには傷痕が残っていることが多いのですね。

さらにブラックモアは、「あなたの家族には『ジャック』がいませんか?」といえば５人に1人は当たってしまうこと、10人に1人は「昨夜、しばらく会っていない人のことを夢に見たんじゃないですか?」といえば、当たってしまうことを突き止めています。

だれにでも当てはまりそうなことを言っていればよいのですから、霊能力者になるのもそんなに難しいことではないのかもしれません。

能力のない人がしている勘違い

勉強ができない学生は、自分がどれだけ無能なのかがわからないという点で、二重の問題を抱えていると言えます。

「私には能力などないのだから、もっと頑張らないと」と思って努力をすればこそ、人はやる気になって自己成長できるわけですが、**能力のない人間は、得てして自分に能力が足りないことにさえ気付くことができない**のです。

米国ニューヨーク州にあるコーネル大学のデビッド・ダニングは、45点満点の大学の試験において、学生に自分がどれくらいの点数が取れると思うのかの見積もりを出させてみました。それから実際に試験を受けてもらい、成績上位者25％と、下位者25％を分けてみました。

成績上位者25％は、試験を受ける前にほぼ正確に自分の点数を予想できました。彼らは45点満点で40点以上の好成績を収めましたが、だいたいそれくらいだろうという、自分の予想通りの点数だったわけです。

ところが、成績の劣る下位者25％は違いました。彼らは「33点から34点は取れるはず」と予想したのに、実際には25点だったのです。

ダニングはこの結果をもとに、「できないヤツは、自分の能力のなさもわかっていない」と指摘しています。

たいていの人には、自分の能力や技術や知識を過大に見積もるところがあるのですが、できない人はさらにその傾向がひどいといってよいでしょう。

不思議なもので、できる人になればなるほど、自分のことは謙虚に評価します。勉強をしている人ほど、「自分はまだまだ足りない」と思うものですし、職人でも熟練者になればなるほど、「私のワザはまだまだ未熟だ」と感じるものです。

優れた職人が、「私の腕前は日本一だ」などと公言することはめったにありません。熟練するほど自分の力量のなさを嘆くものです。だからこそ、彼らはさらに自分の力を高めようとして必死に努力をするのです。

その点、できない人は「自分はできる」と勘違いしています。そのため、努力をする必要性もあまり感じません。何しろ「自分はできる」と思っているわけですから。

本当は彼らのほうがもっとたくさん努力をする必要があるのですが、現実にはそうなりません。もう十分に努力など必要のない人が努力をし、努力を必要とする人間は、努力をしないという不思議な逆転現象が見られるのです。

おかしな名前を付けられた子どもはどうなるか

子どもが生まれると、たいていの親はわが子が幸せな人生を送れるように、頑張って知恵を絞り、素晴らしい名前を付けてあげたいと思うものです。それが親心です。「子どもの名前なんて適当でいいや」と考える親は、あまりいないでしょう。

それは、とても良いことです。なぜなら、**どんな名前が付けられるかで子どもの人生は大きく変わってしまう**からです。おかしな名前を付けられたりすると、人にからかわれたり、自分に自信が持てなくなってしまうこともあります。何しろ名前というのは、その人自身を表わすものですからね。だからこそ親は頭を悩ませて名前を考えるのです。

実際、おかしな名前を付けられた子どもはたまったものではありません。余計な不幸をたくさん抱え込むことになってしまいます。

米国イリノイ州にあるロヨラ大学のアーサー・ハートマンは、おかしな名前を付けられた人がどんな大人になっているのかを調べるという研究をしてみました。

ハートマンは、「ヴィア」とか「オーデル」とか「リーサル（『致命的な』という意味があります）」といった、あまり聞いたことのない名前の男性88名と、アメリカ人に多い８つの名前を持つ男性88名を集めて、精神科医やソーシャル・ワーカーに判断してもらいました。

その結果、〝**サイコシス（精神異常）**〟と判断される割合は、おかしな名前の男性では88人中17人だったのに、普通の名前の男性ではわずかに４人でした。

おかしな名前を付けられると、精神的にもおかしくなりやすくなることがわかったのです。

このデータからも、子どもにはあまりおかしな名前を付けてはいけないということがわかりますね。

いまから30年くらい前に、自分の子どもに「悪魔」という名前を付けようとして、行政から拒否されるというケースがありました。親だからといって子どもの将来を奪うようなことはしてはいけないということから考えれば、行政側の対応は間違っているとは思えません。少なくとも、心理学者ならそう考えるでしょう。

名前というものは、ものすごく大切なものであって、たいていの人は、自分の名前が表すような人間になっていくものです。「勇也」とか「勇樹」と名付けられた男の子は、やはり名前通りに勇ましくなっていくでしょうし、「椿」とか「百合」といった名前を付けられた女の子は、花のようにとても美しく、華やかな大人へと成長していくものなのです。

ウラオモテのある人が嫌われる

米国インディアナ州にあるパデュー大学のエリック・ウェッセルマンは、3人から4人のグループで、お互いに仲良くならせるという実験をしたことがあります。

ただし、それぞれのグループに本物の参加者は1人しかおらず、残りはすべてサクラ。サクラのメンバーたちは、とても温かい態度で参加者を受け入れるか、それとも素っ気ない態度で接するかをあらかじめ決められており、その通りに接しました。それから、お互いにどのような印象を受けたのか得点を付け、だれが一番人気だったのかを決めました。

ただし、本物の参加者に対するほかのメンバーからの評価は、あらかじめ実験者が準備しておいたものでした。ウェッセルマンは4つの条件を設定しておいたのです（図2）。

次に、無関係な実験を装って、同じグループで味覚の実験も行われました。

この実験ではほかのメンバーに辛いソースをどれだけ与えるのかを、参加者が決めてよいということになりました。そしてここで参加者がどれだけ辛いソースを与えるのかを、「復讐心」の得点としました。

その結果、図2のようになりました。

図2　エリック・ウェッセルマンの実験

［条件］
①会話中は温かくされた＋一番人気だった　　＝予想通り好かれた参加者
②会話中は冷たくされた＋なぜか一番人気だった＝予想外に好かれた参加者
③会話中は冷たくされた＋人気も低かった　　＝予想通り嫌われた参加者
④会話中は温かくされた＋なぜか人気は低かった＝予想外に嫌われた参加者

［実験結果］

①予想通り好かれた参加者	1.02グラム
②予想外に好かれた参加者	2.54グラム
③予想通り嫌われた参加者	9.61グラム
④予想外に嫌われた参加者	18.69グラム

※数値は与えた辛いソースの量を示す

先の実験で、メンバーたちに温かくされたり、一番人気と評価してもらえたりした人たちは、相手に復讐する必要はないので、辛いソースは少ししか与えようとしませんでした。**自分に対して好印象を持ってくれている人たちにはひどいことはできない**、ということでしょう。

ところが、自分に冷たくしたり、嫌いだと評価したりした人に対しては、辛いソースを与えることで、うっぷんを晴らそうとすることがわかりました。特に、**会話中は温かくしてくれていたのに、評価のときに悪い得点を付けられると、最も復讐心が強くなる**こともわかりました。

表面ではやさしくしておきながら、裏ではひどいことを言ったりする人が嫌われるのは、私たちがそういう二面性のある人を本質的に嫌いだからかもしれません。

落ち込んでいるときに聴いてはいけない音楽

音楽を聴くのは、とても気持ちの良いことです。けれども**「これは避けたほうがよいのかもしれないな」というジャンルもある**ので注意が必要です。

気を付けたほうがよい音楽のジャンルの1つが、「カントリーソング」。

どうしてカントリーソングに注意が必要なのかというと、歌詞とテーマに理由があります。

カントリーソングは、報われない恋とか、絶望とか、悲運とか、貧困といった「悲しい気持ち」を歌い上げるものが多いのです。当然、そういう歌詞の多い曲を聴いていたら気持ちが滅《め》入《い》ってきてしまいそうです。

米国ミシガン州にあるウェイン州立大学のスティーブン・スタックは、カントリーソングのような、気持ちが滅入ってしまう曲を聴かされていると、自殺する人が増えるのではないかという大胆な仮説を思い付きました。

この仮説を検証するために、スタックはアメリカの49の都市のラジオ局でカントリーソングが放送された回数と、それぞれの都市の自殺率との関係を調べてみました。

すると相関係数は「プラス0・51」という高い数値になりました。

相関係数というのは、２つの変数がどれくらい関係し合っているのかを示す数値で、完全に反比例の関係にあるときには「マイナス1・0」の数値を取り、完全に比例関係にあるときには「プラス1・0」になります。プラス0・51ということは、かなり強い正比例の関係が見られたことになります。

ラジオ局でカントリーソングを多く流す都市では、自殺率も高くなっていたのです。もちろん、ほかの要因も考えられなくはないのですが、カントリーソングを多く聴かされている住民は気分が落ち込みやすく、それが自殺を引き起こしたという可能性は十分にあります。


私は音楽そのものをあまり聴きません。そのため、カントリーソングがどんな音楽なのかがちょっとわからないので、どれくらい心理的な影響があるのかも体感的にはわかりません。

それにもちろん、カントリーソングが悪いと言いたいわけではありません。カントリーソングを聴くと気分が高揚《こうよう》してくるとか、楽しい気持ちになるとか、幸福を感じるというのであれば、まったく問題はないと思います。

けれども、「カントリーソングが好き」という人は、知らないうちに気分が落ち込んでいることもあるので、ちょっと注意しておいたほうがよいかもしれませんね。

子どもの非行を促すかもしれない音楽

音楽の話をもう少し続けましょう。

自分の子どもに聴かせるのは避けたほうがよいかもしれない、という音楽のジャンルがあります。

それは「ラップ」。特に、ラップの中でも特定のカテゴリーは避けたほうがよいことを示す研究があるのです。

カナダにあるモントリオール大学のデイブ・ミランダは、思春期のフランス系カナダ人348名の子ども（平均15・32歳）に、ラップのカテゴリーのうち、その好みを尋ねてみました。ラップのカテゴリーで、反社会的な内容が多いものを「フレンチ・ラップ」というそうです。また、「ギャングスタ」、あるいは「ハードコア・ラップ」と呼ばれるカテゴリーも、暴力的な日常をテーマにしたものが多いそうです。こういうカテゴリーのラップを聴いている子どもは、やはり非行に走りやすくなるのではないか、というのがミランダの仮説でした。

ラップには、「ヒップホップ」や「ソウル」と呼ばれるジャンルもあります。こちらはダン

スやパーティーなどがテーマなので、そんなに非行には影響しないだろうとも考えられました。

実際に調べてみると、まさにミランダの仮説通りでした。**フレンチ・ラップを好きな子どもは頻繁にケンカをし、麻薬の使用などに手を染めていることがわかった**のです。一方でヒップホップを好きな子どもには、そういう傾向は見られませんでした。

私たちは、自分が聴いている音楽の歌詞の影響を受けます。「麻薬でハイになれ」「気に入らないヤツはぶん殴れ」といった歌詞の曲を日常的に聴いていたら、実際にそういう行動を取りやすくなることは十分に考えられます。特に、まだ判断能力が弱い子どもへの影響は大きいでしょう。

ある程度の判断能力ができている大人であれば、歌詞の影響もそんなに受けないのではないかと思いますが、思春期の子どもは被暗示性が強いので、どうしても音楽の歌詞の影響を受けてしまうものです。

子どもがどんなジャンルの音楽を聴くのかに、あまり親としては口出しなどしたくはないでしょうが、そうはいってもやはり特定のラップは避けるように誘導してあげたほうがよいような気もします。どんな音楽を聴くのかは「個人の自由」と言われればそうなのですが、親としては心配ですしね。「お父さんはあまりこういう曲を好きじゃないから、できればもっとポピュラーな曲を聴いてほしいな」などと要望を伝えるくらいならよいのではないでしょうか。

ゴミのポイ捨てを防ぐためには

道路脇や中央分離帯にある植え込みなどに1つでもゴミが捨てられていると、どんどんゴミが捨てられていく、ということがあります。

最初にゴミを捨てる人はいくらかは躊躇《ちゅうちょ》するかもしれませんが、2番目以降の人は、「ほかの人だって捨てているんだから、自分だって同じことをしてもいいだろう」と思い、罪悪感もありません。**「みんながやっている」ことに対して、私たちは、罪悪感など覚えない**のです。

飲食店にしろ、小売業にしろ、ホテルにしろ、エントランス前や駐車場は、いつでもキレイにしておかなければいけません。ちょっとでもゴミが捨てられたままの状態で放置しておくと、そこにゴミの山ができてしまうからです。これを**〝無秩序の拡散現象〟**と言います。

オランダにあるフローニンゲン大学のキース・カイザーは面白い実験をしています。駐輪場の壁をキレイにしておき、駐輪してある自転車のハンドルに「みなさまに素敵な休日を！」と書かれたビラを輪ゴムで留めたのです。自転車の持ち主にとってはどうでもいいビラです。

駐輪場に戻ってきた人はビラに気付きましたが、地面に捨てたりほかの自転車のカゴに突っ込んだりする人はあまりいませんでした。といっても、33％の人はそうしたのですけれども。

次に、カイザーは同じ駐輪場の壁にスプレーで落書きをしてから、同じように自転車にビラを付けておきました。

すると今度は、そのビラを捨てていく人が69％もいたのです。**駐輪場が落書きで汚されているのならゴミくらい捨ててもいいだろう、という気持ちにさせてしまった**のでしょう。

また、カイザーは、スーパーマーケットでも実験を試みました。

あるときには、駐車場にほかの買い物客が放置したと思われるカートをいくつか無造作に置いておき、別のときには、そういうカートが一台もないようにしておきました。

駐車場にカートが放置されていないとき、自分のクルマのワイパーに挟んであったいらないビラを捨てる人は30％でした。少しは捨てるのを遠慮したのでしょう。残りの70％はともかくビラを持ち帰ったのです。ところが**駐輪場にカートが放置されているときには、ビラをその辺に捨てていく人は58％にも上りました。ほぼ2倍**です。

いちいち掃除をするのは面倒かもしれません。ゴミが溜まったところでまとめてやればいい、という人もいるでしょう。けれども、それはあまり良い作戦ではありません。1つでもゴミがあることを許してしまうと、瞬く間にゴミがあふれかえることになってしまうのです。

他人のカバンの鍵も簡単に開けられる？

私は超能力者でも何でもありませんが、「鍵のかかった旅行カバンを開けてみて」と求められたら、かなりの高確率で開けることができるでしょう。

理由はものすごく簡単で、鍵のロックナンバーの予想ができるからです。

たいていの人は、パスワードや鍵のロックナンバーを決めるときに、なるべく自分に関連した忘れにくいものを選ぶはず。数字の場合なら、自分の誕生日や、家族や恋人の誕生日などを選ぶかもしれません。9月12日生まれなら、「9・1・2」というように。

では、相手の誕生日をこっそりと調べるのかというと、そんな面倒なことはいたしません。実をいうと、4分の3の人は、ロックナンバーの設定すらも面倒くさがってやらないのです。つまりは、初期状態のまま、つまり「0・0・0」や「1・1・1」で開けることができるのです。もともと「パスワードなんて決めていない」のですから、私でなくとも、読者のみなさんにだって開けられるのです。「なあんだ」と思われたかもしれませんが、これは本当のお話です。

米国ニューヨーク市立大学のジョン・カトリウスは、アタッシュケースを持っている数百人の学生に、そのロックナンバーを尋ねてみるという研究を行ったことがあります。

すると、**4分の3にあたる75%の学生のアタッシュケースは、工場出荷時のナンバーのまま、すなわち、「0・0・0」で開けることができた**のです。

私たちは、ものすごく面倒くさがり屋。ちょっとでも煩《わずら》わしいと感じることは避けたいという心理があります。セキュリティのためには、だれにも開けられないように鍵をかけていたほうがよいとわかっていても、面倒なロックナンバーを設定したりはしないのです。

ただし、クレジットカードのパスワードや銀行口座の暗証番号では、「0000」とか「1111」という簡単な設定だとさすがに認めてもらえません。だからそうしたときにはしかたなく、もう少しだけ面倒な数列にしているだけ。もし許されるのなら、たいていの人は、0や1だけという数字を選ぶでしょう。

「私はもっときちんと自分のセキュリティを守っている」という方も、もちろんいるでしょう。それは当然です。心理学という学問は、物理学とは違って、100%の正確さで予想はできないのです。

その点は、天気予報と似ていると言えるでしょうか。当たることもあれば、外れることもたくさんあります。セキュリティをきっちりしている人はいるでしょう。それでも大部分の人は面倒くさがって、そういうことをやっていない、と心理学者なら予想するのです。

パスワードの使い回しは危険

ここでは前項にも関連した、もう1つ面白い研究をご紹介しましょう。

それは、パスワードのバリエーションについて。

プロバイダーと契約するときとか、クレジットカードを発行してもらうときなど、いろいろなところでパスワードを設定する必要がありますよね。では、それぞれのパスワードについて、毎回、違う数字や文字を設定するものなのでしょうか。

結論を先に言ってしまうと、**たいていの人は、それぞれにパスワードを変えるような手間をかけていません**。理由は読者のみなさんもおわかりだと思いますが、単純に「面倒くさい」から。くり返しになりますが、人間は、面倒なことは基本的にしないのです。

米国テキサス州にあるサザン・メソジスト大学のアラン・ブラウンは、人々がどれくらいパスワード設定にこだわっているのかを調べてみました。

現代人なら、たいていだれでもいろいろなパスワードを設定しなければいけません。調査対象者によると、人は平均して8・18個もパスワードを持っていることがわかりました。クレジットカードを何枚も持っているような人は、それだけパスワードも多くなってしまいますから、10個以上のパスワードを持っている人も多いのではないでしょうか。

では、10個以上のパスワードを持っている人は、それぞれに違ったパスワードを設定するのでしょうか。

いえいえ、そんなことはありませんでした。

ブラウンが調べたところ、**すべてにおいてパスワードを変えているのは、わずか7・1%。それ以外の人はたいてい同じパスワードを使い回していた**のです。「全部のパスワードを違うものに設定するのは、面倒でもあるし忘れてしまいそうだから」というのが大きな理由でした。

ちなみに、カードを発行する会社から割り当てられたパスワードをそのまま使っているという人が22・4%で、自分なりに設定を変える人は77・6%でした。設定を変えることは変えるのですが、同じパスワードをあちこちで使い回すのが普通のようです。

また、パスワードを設定するときには、誕生日やら、ニックネームなど、自分に関連するものを選ぶ人が92・7%もいました。


他人のパスワードを解読するのは、実はそんなに難しくありません。先にお話ししたように、その人に関連する単語や数字を適当に入れていけば、かなりの高確率で当たります。その上、一度そのパスワードがわかってしまえば、そのまま使い回すことができてしまうのです。

ナースの職場ではイジメが多い？

ナースには「天使」のイメージがあります。ナースはみんなやさしくて、患者にとても親切にしてくれる、というように感じる人も多いでしょう。

けれども、**ナースの世界にもほかの職場と同じように、いえ、それ以上に「職場イジメが蔓《まん》延《えん》している」**と聞くと、読者のみなさんは驚かれるでしょうか。

イギリスにあるケント大学のリン・クイーンは、ナースの世界の職場イジメについての調査を行っています。クイーンは、1100名の医療系従事者を対象にした調査を行い、「過去12カ月以内にイジメを受けたことがありますか？」と聞いてみました。

すると、「ある」と答えたナースは、なんと44％もいました。半数とは言いませんが、それに近い数のナースが、「私はイジメを受けたことがある」というのです。さらに、「ほかの人がイジメを受けているのを目撃したことがある」と答えたナースは50％もいました。

ちなみに、セラピストとか、医者とか、病院のスタッフとか、ナース以外の医療系従事者では、過去12カ月以内にイジメを受けたことがあると答えた人は35％でした。

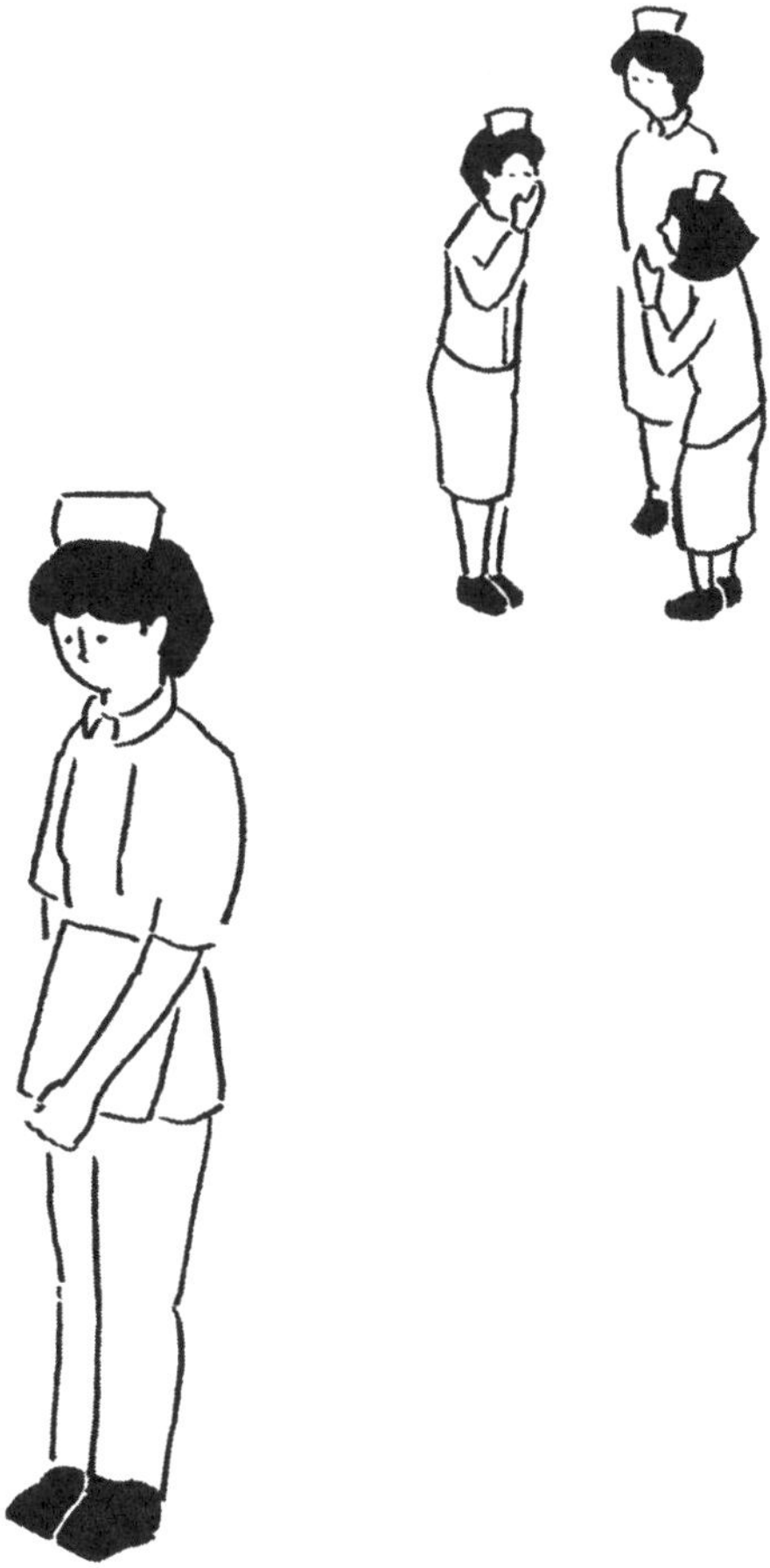

ナースとほかの医療系従事者のイジメでは、その内容にも差がありました。ナースに多いのは、

○人格を否定するようなことを言われる
○イヤなジョークを言われる
○仕事に必要な情報をわざと教えてもらえない
○どうあがいても達成不可能な目標を押し付けられる
○プレッシャーが強い

といったイジメでした。もともとイジメに「明るいイジメ」などはありませんが、**ナースの世界のイジメはとても陰湿な感じがするものが多く見られた**のです。

では、なぜナースの世界でイジメが多いのかというと、忙しすぎるから、というのが理由の1つでしょう。もともと性格のやさしいナースでも、仕事に追いまくられていれば精神的にキリキリしてくるでしょうし、ストレスが溜まれば、だれかにそのストレスをぶつけたくなるのも納得できます。

イジメは絶対に許されることではありませんが、ナースといえども人の子です。精神的にキリキリしていれば、ほかの人をイジメてうっぷん晴らしをしようとしてしまうのも、わからないでもありません。

交渉においてウソが増える条件

私たちは、あまりに自分が有利な状況だと、相手にひどいことをしようとは思いません。自分のほうが立場や条件が良かったりすると、相手にひどいことをするのは、なんとなくかわいそうなことのように思えてしまうからです。

たとえばビジネスでの交渉においては、自分たちの利益のためにホンネを隠すことは当然です。けれども、もし自分が一方的に有利な立場にあるのだとしたら、やはりそんなにウソもつけなくなります。「相手がかわいそう」と思うからです。

ウソが最も増えるのは、お互いにフェアな条件で交渉するときです。立場が公平なのですから、スポーツと同じように、お互いに全力を出し合います。できるだけ自分の利益を上げるために、ウソをついてもかまわないと考えるのです。

米国イリノイ州にあるシカゴ大学のユーリ・グニージーは、プレーヤーがペアになってお金を分け合うという交渉ゲームをやらせてみたことがあります。

プレーヤー1に割り当てられた人は、お金を2つに分けて、プレーヤー2に、

「Aを選択したほうがキミはたくさんもらえるよ」

「Bを選ぶと、僕のほうがたくさんもらうことになっちゃうよ」

といったような提案をすることができました。

このとき、プレーヤー1はいくらでもウソをついてよいことになっていました。もちろん、正直に、「半分ずつお金を分けたよ。ウソじゃないよ」という提案をしてもよいのです。

プレーヤー2の権利は、プレーヤー1の提案を飲むかどうかを決定することです。提案が気に入らないのなら、拒否することもできました。

また、プレーヤー1がウソを成功させたときには条件によってさらにボーナスが出ることになっていました。その場合、プレーヤー2には、ウソを見抜けなかったということで罰金の損失が出ることになっていました。

では、プレーヤー1はどれくらいウソをついたのでしょうか（図3）。

自分には1ドルのボーナスが出て、相手にはその10倍の損失があるようなときには、ウソは控えられました。相手に一方的に損失を与えるのはフェアではない、と思われたのでしょう。

一方で、**自分のボーナスと相手の損失が同じ額の場合には、ウソは増えた**のです。ウソを成功させた場合に自分がもらえるボーナスと、相手の損失が同じ額なのですから、公平な条件だと言えます。

図3　ユーリ・グニージーの実験結果

ウソを成功させたときの条件	ウソをついた割合
プレーヤー1に1ドルのボーナス +プレーヤー2に10ドルの損失	17%
プレーヤー1に1ドルのボーナス +プレーヤー2にも1ドルの損失	36%
プレーヤー1に10ドルのボーナス +プレーヤー2にも10ドルの損失	52%

スポーツも交渉も、お互いに同じ条件で勝負をするからこそ面白いのであって、自分に一方的に有利になるルールでやっても、面白くもなんともありません。こういうときには、人はあまり相手をイジメようとはしないようです。

人とものすごく仲良くなる方法

「敵の敵は友」という言葉があります。**お互いに共通の人を嫌っていると、なぜか親近感が湧いて、その人との仲がより深くなる**ようです。

会社でも、イヤな上司がいると部下の連帯感が強化されることがあります。上司が共通の敵となってくれるので、部下同士がとても仲良くなれるのです。だとすれば、上司がイヤなヤツであることはそんなに悪いことではないのかもしれません（笑）。

米国オクラホマ大学のジェニファー・ボッソンは、大学生に「人生で最初にできた親友」についで思い出してもらいました。それから、その人生初の親友との関係において、「お互いが共通して嫌いだったことや人物」あるいは、「お互いが共通して好きだったことや人物」についても思い出してもらいました。

すると、**お互いに嫌いだった人の名前を挙げた大学生が16・33％もいたのに対して、お互いに好きだった人の名前を挙げた大学生は、わずかに4・56％しかいなかった**のです。

「私と○○ちゃんは、2人とも○△クンのことが大っ嫌いだったんだ」ということはよく思い出せるのに、共通して好きだった人のことはなかなか思い当たらなかったのですね。

イヤな人がいるというのは、本当に苦しいことです。その人物について考えるだけで、気分が滅入ってきてしまうでしょう。

けれども、同じように「あいつが嫌い」という人を探してみてください。探せば、自分と同じようにその人物を嫌っている人は必ずいます。運よくそういう人に出会えれば、ものすごく仲良くなれるでしょう。

人と仲良くなりたいのなら、「共通の敵」を見つけるのが良いアイデアです。お互いに、「私、あの人が苦手」「えっ、あなたも!?　実は私も」という流れに持っていくことができれば、すぐに親しくなれます。

現実の世界で「共通の敵」を見つけるのが難しければ、有名人やタレントでもよいかもしれません。お互いに嫌いな俳優やお笑い芸人などが見つかれば、やはり同じように親密感が湧くでしょう。

私たちは、自分と似ている人や、共通点をたくさん持っている人には、ついつい心を許してしまうのです。自分と同じような境遇で悩んでいる人などが見つかれば、人生における無二の友人になれるかもしれません。

「ながらスマホ」はどれだけ危険か

少し前のお話ですが、スマートフォンを持ちながら自転車に乗って、歩行者にぶつかって死亡させてしまった事件がありました。「ながらスマホ」は、とても危険だということを考えさせられる事件でした。

スマホやケータイでおしゃべりしながら歩いている人は、いくらでもいます。

本人は特に危険だという意識はないのでしょうけれども、心理学的にはものすごく危険だと言えるのです。ですから、歩きながらのスマホやケータイは絶対にやめましょう。使用するのなら、必ず立ち止まって使いましょう。

スマホやケータイをいじっていると、目を開けていても注意力がまったく働きません。つまりは、「目をつぶっている」のと同じ状態になっているのです。私たちは、**スマホに意識を集中させながら、それでいて周囲にも注意を払う、といったことはできない**のです。

米国ウェスタン・ワシントン大学のアイラ・ハイマンは、大学内の広場である実験をしました。ウェスタン・ワシントン大学には建物と図書館の間に、「レッド・スクウェア」という大きな広場があるのですが、その広場にあるモニュメントの前で、ピエロの格好をしたアシスタントに一輪車に乗ってもらったのです。

ピエロは、鮮やかな紫と黄色の洋服を着て、大きな靴を履いて真っ赤な鼻を付けています。それで一輪車に乗っているのですから、きわめて異様な光景です。だれでもそのようなピエロがいたら、すぐに気付くと思いますよね。

ところが、そうではありませんでした。

ハイマンは、学生たちが、ピエロの前をしっかり通りすぎて広場を出たところで、声をかけました。そして、「何かおかしなものを見なかった?」と尋ねてみました。それでピエロについて答えてくれないときには、より直接的に「ピエロがいたんですけど、見ましたか?」と聞いてみました。

ハイマンは広場を通り抜けていく人を、「ケータイで話しながら歩いていた人」のグループと、「1人で歩いていた人」のグループと、「音楽を聴いて歩いていた人」のグループに分けてデータを取ってみました。

すると、図4のような結果になったそうです。

ケータイで話しながら歩いているグループでは、ピエロに気付いた人はわずか25%。残りの75%は「まったく気付かなかった」ということになります。私たちは、ほかのことに気を取られていると、きわめて異様な状態にも気付かないことがわかるでしょう。

■図4　アイラ・ハイマンの実験結果

	何かおかしなものを見なかった？	（直接的に）ピエロを見た？
ケータイで話しながら歩いていた（24名）	8.3%	25.0%
一人で歩いていた（78名）	32.1%	51.3%
音楽を聴きながら歩いていた（28名）	32.1%	60.7%

※数値は「見た」と答えた人の割合を示す

ハイマンは、２人でおしゃべりしながら歩いている人についてもデータを取っているのですが、このときには大丈夫でした。**ケータイでしゃべっているときだけが、とにかく気付かなかった**のです。

このデータから見ても、「ながらスマホ」はやめたほうがよいということがわかります。「私は大丈夫」と思ってはいけません。たいていの事故は、「自分だけは大丈夫」という根拠のない思い込みによって起きるケースが多いのですから。

人は「V」を見ただけで恐怖を感じる？

現代人の脳みその中には、祖先から受け継がれてきた情報がたくさん詰まっています。それらの情報は遺伝的に受け継がれていて、現代ではもうとっくに役に立たなくなっているのに、それでも根強く受け継がれているものもあります。

まだ人類が原始的な生活を送っていた頃、危険を早く察知するのはとても重要なことでした。野生動物や他民族など、周囲には危険があふれています。そうした危険を早く察知して逃げ出すことができる人は生き延び、危険を察知できない人はみんな生命を失いました。

そのため**私たちの脳みその中には、危険を察知する力がいまでも受け継がれています**。

たとえば、道端にロープが落ちているとしましょう。それを見て「ヘビだ！」と思った人は、身体が震えるはずです。なぜ震えるのかというと、筋肉を動かしてより早く逃げる準備をするためです。こういう反応は反射的に起きるので、自分ではどうすることもできません。

おそらく、原始的な生活を送っている頃の人間も、草むらの中にヘビを見つけたらすぐに逃げ出していたのでしょう。毒ヘビに噛まれでもしたら死んでしまいますから。そういうことを何世代もくり返すことで、私たちの脳みそには、ヘビを見たら危険を察知する回路が次第に出来上がっていったのです。そのため、「ヘビのように見えるもの」は、たとえヒモであれ、ロープであれ、身体を震えさせるという反応を引き起こすのです。

米国ウィスコンシン大学のクリスティン・ラルソンは、とても面白い実験を行っています。アルファベットの「Ｖ」の模様を見せるだけで、私たちの脳みそは危険や脅威を察知してしまうというのです。

ラルソンは、いろいろな模様のスライドを１２０枚準備し、それを１枚１枚参加者に見せながら、そのときどきの脳の活動を磁気共鳴機能画像法（ｆＭＲＩ）という装置で調べました。すると、**「Ｖ」のような下に尖《とが》っている三角形の模様を見せたとき、参加者の脳みその中で危険を察知する部位が大きく活性化した**のです。

なぜ単なる「Ｖ」字型の模様に私たちの脳みそが反応してしまうのかというと、それが危険なものとして認知されたからです。具体的にどんな危険かを特定することはちょっと難しいのですが、可能性としては、「ヘビの頭」に見えなくもありませんし、あるいは「ナイフ」や「槍の先端」のような凶器に見えるのかもしれません。

ともあれ、私たちの脳みそは優秀すぎるために、かつて危険だったというだけで、いまではまったく危険ではないものにまで、敏感に反応してしまうという面白い現象が見られるのです。

人間の脳に刻み込まれた危機回避の力

前項でお話ししたように、私たちの脳みそは、危険なものに対してすぐに注意が向くようになっています。そうしないと生き延びることができなかったからです。

たとえば、いろいろなものが描かれた、1枚の風景画があるとします。そこには、草花や池、大きな家、草をはむ牛、シャベルなどが描かれています。そして、その中にとても小さく目立たないように、1匹のヘビが描かれているとしましょう。

さて、その風景画を見せられた人は、真っ先にどこに注目するのでしょうか。美しく描かれた花でしょうか。それとも大きく描かれた家や池でしょうか。

いえいえ違います。たいていの場合、真っ先に目に入ってくるのはとても小さく描かれたヘビなのです。**私たちの脳みそは、「ここには危険なものがあるぞ!」とすぐに発見して、注意喚起してくれる**のです。

米国ニュージャージー州にあるラトガース大学のヴァネッサ・ロビューは、60cmから80cmほど離れたモニターにさまざまな写真を表示してみました。そして実験参加者には、アイトラッキングという、視線の動きを調べる装置を頭に付けてもらいました。写真を見ているとき、どの部分に視線を向けているのかを調べるためです。

その結果、写真の中に「ヘビ」や「クモ」などが出てくると、すぐに注目されることがわかりました。**人間にとって危険なものは、１４６１ミリ秒というわずかな時間で注目された**のです。写真の中には、「花」や「食用キノコ」といった無害なものもありましたが、こちらは注目されるまでに１５４９ミリ秒かかりました。

この実験でわかる通り、**私たちは自分にとってちょっとでも危険なものは、すぐに気が付いてしまう**ようです。

不思議なもので、この反応は田舎に住んでいようが都会に住んでいようが関係がありません。田舎ではヘビを見ることもありますが、都会でヘビに遭遇することなど、まずありえないでしょう。それにもかかわらず、都会の人でもヘビを見るとやはりすぐに気が付くのです。

危険を察知する能力は長い年月をかけて人類にそなわったものなので、数十年都会生活をしているくらいではなくならないのでしょう。近代的なビルのオフィスの床に梱包用のヒモが落ちているのを見てヘビだと勘違いした人は、声をあげて飛び上がるに違いありません。現代の都会のオフィスにヘビなどがいるはずがない、と頭ではわかっていても、脳や身体は反応してしまうのです。

「こっくりさん」はなぜ起きるのか

「こっくりさん」という占いの一種があります。五十音表を書いた紙を用意し、その上に硬貨を置いて、「こっくりさん、こっくりさん、おいでください」とお願いしながら全員の人差し指を乗せておくと、硬貨がひとりでに動き出していろいろ語ってくれるという占いです。

ふざけた気持ちでこっくりさんをやっていると、呪いのようなものが起きてしまうという話もあり、軽はずみな気持ちではやらないほうがよいともいわれています。

けれども、参加者がそっと人差し指を硬貨に乗せているだけなのに、硬貨がひとりでに動き出してしまう。はたしてそんな不思議な現象が実際に起きるのでしょうか。

なんと、本当に起こり得るのです。

ただし、それはこっくりさんという、**霊体というか、不思議な存在の仕業ではなくて、参加者が無意識、無自覚に硬貨を動かしている**、というのが実際のところなのですけれども。

こっくりさん現象が起きるための条件として、とても重要な取り決めがあります。それは、「決して自分で指を動かそうとはしないこと」という禁止事項です。

第2章で、人は好きな人のことを考えないようにすると、かえって考えてしまうという、ダニエル・ウェグナーの実験をご紹介しましたね。

ウェグナーはさらに、こっくりさん現象に関連するような実験も行っています。「動かすな」と言われると、かえって人は「動かして」しまうことを示す実験です。もちろん自分ではそれに気付きません。

ウェグナーは、42名ずつの男女84名に集まってもらって、振り子の糸を持ってもらいました。そして、30秒間まっすぐに糸を垂らしたまま静止させておくようにお願いしました。

その際、「絶対に水平方向には動かさないでくれ」とお願いしておくと、約50％は水平方向に動かしてしまいました。また、単に「動かさないでくれ」とお願いしても約45％は動かしてしまいました。**「動かすな」と言われているのに半分の人は動かしてしまう**のです。

こっくりさん現象が起きるのもこれと同じ。

参加者が、「力を入れて動かそうとしてはダメだよ」と言われていればいるほど、硬貨はひとりでに動くでしょう。もちろん、ひとりでに動いているように見えて、実際には参加者が動かしているのです。参加者が4人もいれば、そのうちの2人は無意識に指に力を入れて動かそうとします。だから硬貨があっちに行ったりこっちに行ったりするのであって、決してこっくりさんが動かしているのではありません。

第4章

ひと味違う驚きの心理学研究

良い先生は学生からの評価が低い

最近ではどこの大学でも、学期末には学生からの授業評価というものがなされます。普通、評価と言えば先生が行うものですけれども、学生側から先生に点数を付けるわけですね。

授業評価をされるとわかれば、先生も手が抜けません。手を抜いて講義をしていたら、学生からの評価はものすごく悪くなるでしょう。意地の悪い先生も、学生をイジメたりはしなくなるでしょう。そんな狙いで授業評価が行われるようになりました。

ただ、だいたい学生というものは、バイトやら遊びやらに忙しく、大学の講義などそんなにマジメに受けてはいません。なので、先生が学生のためを思って課題やレポートをたくさん出すほど学生にはイヤがられ、授業評価も悪くなってしまう、という矛盾したことも起きます。

学生にレポートも試験も課さず、出欠も取らず、ものすごくいいかげんにやっている先生のほうが学生からの授業評価は高くなるということも大いに考えられます。結局のところ、授業評価に意味などあるのでしょうか。

米国ペンシルバニア大学のスコット・アームストロングは、さまざまな大学において、経済学の講義を受講した３万人以上の学生の授業評価について調べてみました。

　すると、**「学生が先生を悪く評価するほど、学習は促進される」という、不思議な結果が得られました**。学生から悪い評価を受ける先生は、たいていとにかく厳しいのです。そのため授業評価は悪いのですが、学生は必死に勉強させられるので、学習は促進されるわけです。

　こうしたことからアームストロングは、「授業評価は無意味」という結論を導いているのですが、ほかにも理由を挙げています。

　たとえば先生側の理由として、しっかり準備をして講義しても、学生に良く評価してもらえないのだとしたらやる気が失せてしまう、ということもあります。また、新しい試みをしようとしても、それによって授業評価が悪くなりそうだと思えば、型通りの講義で済ませてしまう、ということもあります。

　さらに学生側の理由として、授業評価をしていると、自分の勉強の責任は自分にあるのではなく、先生や大学当局にあると思い込んでしまうということがあるのです。**「自分がバカなのは、先生の教え方が悪いからだ」という気持ちになってしまって、「自分が悪い」とは考えなくなってしまう**のではないか、ともアームストロングは指摘しています。

　授業評価は、先生にとっても、学生にとっても、あまり利益をもたらしません。文部科学省も、こういう授業評価はやめさせる方向に動いてほしいのですが、いかがでしょうか。

赤ちゃんが持っている意外な能力

1人の赤ちゃんが泣き出すとほかの赤ちゃんもつられて泣きはじめる

産婦人科の病院では、という現象が頻繁に観察されます。

これはひょっとすると、ほかの泣いている赤ちゃんのことをかわいそうに思って、自分も悲しくなって泣きはじめてしまうのでしょうか。だとしたら、生後すぐの赤ちゃんでもほかの赤ちゃんのことを思いやる心があることになります。それとも、ただほかの赤ちゃんの泣き声があまりにもうるさくて、自分も不愉快になって泣いているのでしょうか。そもそも赤ちゃんは、自分の泣き声とほかの赤ちゃんの泣き声を聞き分けることができるのでしょうか。

イタリアにあるパドヴァ大学のマルコ・ドンディはこの点に興味を持ち、赤ちゃんが泣き声を聞き分けられるかどうかの実験をしてみました。蛇足ながら、パドヴァ大学というのは、1222年に設立されたイタリアで2番目に古い大学で（いちばん古いのはボローニャ大学）、あのガリレオ・ガリレイやダンテが教授を務めたこともあるという、超有名大学です。

ドンディは、生後3日以内の赤ちゃん30名（17名が男の子、13名が女の子）にお手伝いしてもらって、次の３つの条件を与えました。

①10名（６男・４女）には、自分の泣き声をテープで４分間聞かせる
②10名（６男・４女）には、ほかの赤ちゃんの泣き声をテープで４分間聞かせる
③10名（５男・５女）には、何も聞かせない

それから、テープを聞かせる前後での表情の変化をビデオに撮影して調べてみると、①と③の条件では、ほとんど変化は見られませんでした。一方で、②の条件でだけ、より頻繁に悲しそうな顔になることがわかりました。しかも、悲しそうな顔の持続時間も長かったのです。

どうやら**赤ちゃんは、自分の泣き声とほかの赤ちゃんの泣き声を聞き分けることができる**ようです。だからこそ、ほかの赤ちゃんが泣いていれば、自分も悲しい気持ちになって表情に出てしまうのです。生まれたばかりの赤ちゃんでも、ほかの赤ちゃんを気遣う心を持っているということでしょう。

赤ちゃんは、大人と違って言葉を話すことができません。そのため、赤ちゃんにどんな能力があるのかは、まだよくわかっていないことのほうが多いのですが、意外にいろいろな能力を、生まれながらに持っているのかもしれません。

偉い人ほど仏頂面《ぶっちょうづら》な理由

新聞や雑誌で取り上げられている社長の写真を見てください。にこやかにほほ笑んでいる人もたまにはいるかもしれませんが、たいていの場合は無表情。ホームページで大学の先生の写真を見ても、**偉い先生になればなるほど、みんな一様に仏頂面**をしています。

なぜ、偉い人は笑わないのでしょうか。

その理由は、**「愛想《あいそ》良く振るまう必要がないから」**と指摘しているのが、米国ミシガン大学のパトリシア・チェン。

愛想良く振るまったり、ペコペコしたりするのは、そんなに偉くない立場の人です。地位が高くなり、偉くなってくると、だれに対しても愛想良く振るまう必要はなくなるので、顔もどんどん不愛想になっていきます。そのうち、不愛想な顔がしっかりと貼り付いてしまって、写真を撮られるときにもにこやかにほほ笑むことができなくなる、というわけです。

チェンは、自分の仮説を検証してみるため、雑誌『USニューズ&ワールド・レポート』によって評価された、全米トップ20のビジネス・スクールの学部長を調べました。ただし、3つのスクールの学部長は女性だったので、性別による影響を考慮して、残りの17名の学部長の顔写真を実験に使いました。

その17名の学部長の顔写真を37人の判定員に見せて、「どれくらい愛想の良い人だと思いますか？」と尋ねてみました。もちろん、判定員たちは彼らがどこの大学の学部長なのかは知りません。

すると、**ランキングの高いビジネス・スクールの学部長になればなるほど、「愛想がない」と判断されることがわかった**のです。

ランキングの低いスクールの学部長は、学内ではトップかもしれませんが、世間的に見ればそうでもないことを自覚しているのか、少しは愛想笑いを浮かべて写真に映ります。ところが、ランキングの高いスクールの学部長はまったくの仏頂面。社会的に偉くなればなるほど愛想がなくなる、という仮説が一応のところ確かめられたと言えるでしょう。

組織の中で出世していったり、社長なら会社の規模が大きくなっていったりすることは、まことに喜ばしいことです。

けれども、自分が偉くなっていくということは、それだけ「イヤな人間の顔」になっていっているのかもしれない、ということは肝に銘じておかなければなりません。愛想よく振るまう必要がなくなればなくなるほど人は日常生活の中で笑わなくなり、表情が乏しくなっていきます。**偉い人になるほど仏頂面になってしまう**のです。

　意識的に愛想良く振るまうようにしてバランスを取らないと、本当にイヤな顔になってしまいますから、気をつけてくださいね。

ダウンロードに待てる時間はどれくらい？

現代人は、どんどんせっかちになっています。

昔の人はもっとのんびりしていたように思うのですが、社会のスピードが速くなるにつれ、人はせかせかするようになってしまいました。電車が少し遅れただけで「イラッ」、レストランで注文を取りにくる店員がゆっくり歩いていただけで「イラッ」、とするのが現代人です。

そういうせっかちな現代人は、たとえば情報検索で時間がかかるとき、どれくらい待てるのでしょうか。

米国ネブラスカ大学のフィオナ・ナーは、インターネットのユーザーが情報をダウンロードするのにどれくらい待てるのかを実験的に試してみました。

すると、我慢できる時間はとんでもなく短いことがわかりました。なんと**わずか2秒待って**

調べたい情報が出力されずに同じ画面が続くと、もうイライラして検索を打ち切るのです。

さすがに短すぎると思うのですが、ほかの研究でも、似たような結果が報告されています。

米国アリゾナ大学のナラヤン・ジャナキラマンは、98名の大学生にゲームをやってもらい、「トップ3には50ドルのボーナスをあげます」と伝えました。

このとき学生はコンピュータでいくつかのジャンルのゲームの中から、自分が好きなゲームをダウンロードしなければならなかったのですが、そのダウンロード時間に差があるようにしておきました。待てないときにはストップボタンを押して、違うゲームをダウンロードしてもよいことになっていました。

調べてみると、**たいていの学生はダウンロードに時間がかかると途中でやめました。それも10秒も我慢できずに**。ちなみに、ダウンロードを待っている間に、注意をそらすものがあると（ディスプレイ上で動くキャラクターがいるなど）、ほんの少しだけ待てる時間は長くなりましたが、それでもたいていは20秒を持たずにストップボタンを押してしまいました。

現代人はほんの少しの時間も待てないようになっているようです。イライラする人が多かったり、キレる人が多かったりするのも、「我慢強くない人」が増えたからかもしれません。

そういう私も、ほんの少しでも待つ時間があると、イライラしてしまう人間です。特にパソコンの起動を待つ時間がイヤなので、机の上に必ず読みかけの本を置いておきます。パソコンが起動するまで、本でも読んでいないと時間がムダになっているように感じてイヤなのです。みなさんにも、ちょっとした時間を待てないということがあるのではないでしょうか。

痛み止めの薬で心も癒《いや》せる？

私たちの脳みそは、「身体的な痛み（ケガなど）」と、「心の痛み（人に無視されるなど）」を、基本的には区別しません。

なぜそれがわかるのかというと、身体的であれ、心理的であれ、痛みを感じると脳みその同じ部分が活性化されるからです。**「身体が痛い」というのと、「心が痛い」というのは、質的にもまったく違うように思うのですが、脳みそにとって大した違いはない**ようなのです。

米国ケンタッキー大学のデウォール・ネイサンは、この事実から非常に面白い仮説を思い付きました。

「脳みそにとって、身体的な痛みも心理的な痛みも同じようなものであるとするなら、ひょっとしたら身体的な痛みを減らすための薬を投与したら、心の痛みも軽減されるんじゃないか？」

ネイサンは、さっそくこの仮説を検証する実験を行いました。用意したものは、アセトアミノフェン。この薬は、身体の痛み止めの薬としてよく使われるものです。

ネイサンは、参加者に心の痛みを感じさせるために、グループで作業をするときにメンバー全員で1人を無視する、というかわいそうなことをさせました。グループの仲間たちから、仲間外れにされることは大変な心理的苦痛になります。

さて、こうして心の痛みを感じさせた人に、アセトアミノフェンを投与し、磁気共鳴機能画像法で脳みその働きを調べてみました。

すると仮説通り、アセトアミノフェンによって心の痛みを減らせることがわかりました。**身体の痛みを抑制する薬は、心の痛みのほうも軽減できる**ようなのです。

もし何かイヤなことがあって心が傷ついてしまったとしたら、身体の痛み止めを飲んでみると心が癒されるかもしれません。

ただし、薬の処方には医者の診断が必要ですし、市販の痛み止めでも同じ効果が期待できるのかというと、そこまではまだわかっていません。**自分勝手な判断で、身体の痛み止めを飲むのは絶対にやめてください**。私も責任を負えません。この点は、くれぐれも念を押しておきたいと思います。

少なくとも、現在の段階では、「身体の痛み止めで、心の痛みも減らせる可能性が見えてきた」ということだけで、追試の研究もこれからたくさん行われる必要があります。ちょっとイヤなことがあったからといって、身体の痛み止めの薬を飲んだりするのは、やめてくださいね。

ナルシストには困難な仕事を与えるとよい

困難の伴うような作業や、きわめて高い目標の仕事などをまかせるときには、なるべくナルシストの人物を選ぶとよいですよ。

なぜかというと、ナルシストは困難な作業に取り組むのが大好きだから。**ナルシストは、だれもが尻込みするような難しい作業に取り組むときに、パフォーマンスがグンとアップします**。「こんなに難しい仕事に取り組んでいる俺ってカッコいいよなあ」と思うのでしょう。そういう自己陶酔《とうすい》に浸れるので、難しい作業に取り組むのが大好きなのです。

医者を目指す人たちが手術のトレーニングとして行う、シミュレーション作業があります。米国オハイオ州にあるケース・ウェスタン・リザーブ大学のハリー・ウォレスは、この作業を用いた実験をしました。

ウォレスはまず参加者にナルシストの度合いを測定する心理テストを受けてもらい、ナルシスト得点の高い人と低い人に分けました。それから、手術のシミュレーション作業を行ってもらいました。

この作業はコンピュータ・ゲームのようなもので、ピンセットを操作して穴から12の物体を抜き出すことが求められます。穴の側面などにぶつかってしまうとブザーが鳴って、失敗となります。すべての参加者に3回ずつトライしてもらって、操作の感覚がある程度つかめるようになったところで実験開始です。

ウォレスはこのとき、2つの条件を設けました。一方のグループには、「先ほどの3回のトライのときより5％以上タイムを縮めてください。また、ミスも5％減らしてください」とお願いしました。5％くらいの改善でよいなら、なんてことはありません。もうひとつのグループには難しい目標を与えました。「先ほどより、25％以上のタイムを縮めることと、25％ミスを減らすこと」が求められたのです。

では、実際の得点はどうなったのでしょうか。調べてみると、ナルシストの得点が低い人、すなわち普通の人では条件が簡単なときのほうがパフォーマンスは良くなりました。ところが、**ナルシスト得点の高い人では、難しい目標を与えたときのほうが、パフォーマンスの向上率は高かった**のです。

ナルシストは困難なチャレンジに燃えます。この原理を知っていれば、**新プロジェクトや成功の見込みが低い計画などでは、リーダーにナルシストを選ぶのがよい**ということがわかります。嬉々《きき》としてチャレンジしてくれるはずです。

業績の良い会社のCEOはどんな人？

前項に引き続き、「ナルシスト」に関する調査をもう1つご紹介します。

会社で偉い立場になると、だいたいの人が、自分を神様か何かだと勘違いして、ナルシストになっていく傾向があります。そういった人の中でも、さらにナルシストの度合いの高いCEOがいます。自己中心的で独善的なのですから、とても「イヤなヤツ」がトップに立っているわけで、下にいる人間はたまったものではないと思います。

けれども、実は、そういう**強烈なナルシストのCEOが率いる企業のほうが、なぜか業績は良い**のです。

米国ペンシルバニア州立大学のアリート・シャタジーは、コンピュータ産業のCEO111名について、ナルシストの度合いを測定してみました。

彼らは忙しく、既存のナルシスト・テストを受けるように依頼しても、どうせ受けてもらえません。そこでシャタジーは違う方法でナルシストの度合いを測定しました。使ったものは、毎年それぞれの企業から出される年次報告書の写真。「1人きりで映っていて、しかも写真の大きさがページの半分以上を占める」ときには、そのCEOのナルシストの度合いは高いと見なして4点としました。「1人きりで映っていて、ページの半分以下」は3点、「2人以上の社員と一緒に映っている」は2点、「自分の写真を載せていない」は1点としました。

さらに、あるデータベースを使って、それぞれのCEOのスピーチを調べました。単数の一人称（「私が」「私の」など）を使う頻度が高い人はナルシストの度合いが高いとし、複数の一人称（「私たちが」「私たちの」など）を使う人はナルシストの度合いが低いと判定しました。

このような形でナルシストの度合いを測定してみたところ、**CEOのナルシスト得点が高いほどその会社の業績は良かった**のです。

なぜかというと、そういうCEOは大胆で目立つことを好むので、マスコミや周囲からの注目を浴びやすいからです。これが会社の業績を引き上げたのだと考えられます。

ただし、会社の業績が良いといっても、「大勝ちか、大負けか」のどちらかになりやすいこともシャタジーは突き止めています。ナルシストのCEOは、全体としては業績を上げることができているようですが、その裏で大負けしているCEOもいっぱいいるのです。

「ナルシストな振る舞いをすれば、会社の業績は良くなる」などと短絡的に考えないでください。全体としてはナルシストのCEOの会社の業績は良いのですが、大勝ちか大負けかのどちらかというのはリスクが高すぎます。

ハッピーになる曜日、ブルーになる曜日

日曜日の夕方くらいになると、「ああ、明日から仕事か、イヤだなあ」という気持ちになることがあります。そうして**月曜日の朝になると、どうも気分が乗らないとか、やる気が出てこない**という経験がある人もいるでしょう。**〝ブルーマンデー症候群〟**と呼ばれる現象です。

「ブルーマンデー」という言葉が一般的に使われるくらいですから、たいていの人は本当に月曜日には気分が落ち込んでしまうのでしょうか。それとも、そんなこともないのでしょうか。

カナダにあるブリティッシュ・コロンビア大学のジョン・ヘリウェルは、1年半もかけた大規模調査を行いました。のべ50万人を超える人たちから、曜日ごとに、幸福感、楽しみ、気分の高揚などのデータを集めたのです。

その結果、**「ブルーマンデーなどというものは存在しない」ということがわかりました**。平日はだいたいどの曜日も同じだったのです。月曜日に気分が乗らない人もいましたが、そういう人は、月曜日だけではなくて、火曜日も水曜日も気分が乗らない人でした。

一方でヘリウェルは、**「日曜日になるとウキウキして、ハッピーな気分が高まる」という明

確な事実があることを確認しました。

ブルーマンデーはありませんでしたが、日曜日の気分の高揚は確認できたわけです。ヘリウェルは、これを**〝ウィークエンド効果〟**と名付けています。

ただし、このウィークエンド効果にはいくつかのルールがあることもわかりました。組織で言うと、平社員のほうが重役や社長よりも2倍も気分の高揚は高かったのです。平社員のほうが、ウィークエンド効果の恩恵を受けやすかったのですね。

どうしてそうなるのかというと、平社員に比べて、重役や社長は日曜日だからといって気を緩めることができないからです。彼らはいつも非常に強い責任やプレッシャーを感じていて、日曜日でも気が休まらないのです。

そう考えると、平社員のほうが社長よりも気がラクだと言えなくもありません。平社員は少なくとも1週間のうちで日曜日だけは幸福感が高まりますが、重役や社長は、日曜日にさえそんなに幸せな気分を感じることができないのです。

少し話はそれますが、ヘリウェルの調査では、人との交際（おしゃべりなど）を1週間に1・7時間ほど増やすと、幸福度が約2％高まることもわかりました。わずかな増加だと思われるかもしれませんが、**少しでもハッピーな気分を高めたいのであれば、だれかとおしゃべりをするのが有効**だということも覚えておくとよいでしょう。

熟年夫婦ほどお互いの好みがわからない

夫婦が長く連れ添っていれば、それだけお互いのことを知っているかのように思ってしまうものです。

けれどもそれは単なる思い込みにすぎません。たとえ**30年連れ添ったとしてもやっぱり相手のことはよくわかっていない**、と思っていたほうがよいでしょう。

たとえば、妻が「あなた、こういう柄のお洋服好きだったでしょ?」と夫に洋服を買ってきてあげたりすると、「う〜ん」と何ともいえない複雑な顔をされるかもしれません。夫は妻がせっかく親切にしてくれたのに、「そういう柄は、俺の好みじゃない」と面と向かって言えないので、複雑な表情しかできないのです。

バーゼル大学（スイス最古の大学です）のベンジャミン・シーベーンは、連れ添って平均2年1カ月しか経たない38組の若い夫婦と、連れ添って40年と11カ月という20組の熟年夫婦に集まってもらって、食べ物の好み、映画の好み、家具の趣味など、118項目について調べました。自分がどれだけ好きかを答えるだけではなく、パートナーが同じものをどれくらい好きだと思うかにも答えてもらったのです。

シーベーンはそれをお互いにやらせることで、パートナーの好き嫌いについての推測がどれくらい当たっているのかを調べてみました。

すると、若い夫婦での正解率は42・2％でした。半分以上は外れてしまいましたが、それでもまずまずの正解率だと言えるでしょう。

熟年夫婦ではどうだったのでしょう。さすがに40年以上も連れ添った夫婦なら、相手がどんなものを好きなのかくらいは朝飯前に当てることができたのでしょうか。

いえいえ、そういうことにはなりませんでした。**熟年夫婦での正解率は、若い夫婦の正解率を下回る36・5％だった**のです。

ただ単に長く連れ添っているからといって、相手の好みまで完全にわかるのかというと、そんなことはありません。妻は妻で、「うちの夫はすき焼きが大好物」と思っていても、夫は夫で、「すき焼きは嫌いではないが、そんなに好きでもない」と感じている。そんなズレはよくあることなのです。

面白いことに、シーベーンは、それぞれの好き嫌いの推測をさせるときに、「確信度」についても調べました。「自分の予想がどれくらい当たっていると思うか？」を尋ねたわけですが、**熟年夫婦ほど「私の予想は当たっているはず」と答えることがわかりました**。

「私は妻のことなら何でもわかる」

「私は夫のことなら自分のこと以上によく知っている」

そう思う熟年の夫婦がいるとしたら、単なる思い込みかもしれません。もちろん、それでも何十年も連れ添っていられるわけですし、本人たちが幸せだと感じられるのなら何も問題はないのですが。

長期休暇のリラックス効果

ゴールデンウィークや夏休みなど、長期休暇を取れば精神的にとてもリラックスできます。まとまった休みの癒し効果は確実にありそうですが、ではその効果というものは、どれくらいの期間持続してくれるものなのでしょうか。せっかくの癒し効果も、あっという間に消失してしまうようなら、あまり意味がないようにも思えます。そのメカニズムは、いったいどうなっているのでしょう。

そんなことを考えながら論文を調べていたら、ありました、ありました。論文を発表しているのはドイツにあるコンスタンツ大学のヤーナ・クーネルです。

クーネルは、イースターのお休みと、聖霊降臨祭のお休みについて調べました。休暇になる2週間前に事前の調査を行って、休みが終わってから1週間後、2週間後、1カ月後に再調査を行うことで、癒し効果の持続について明らかにしたのです。

結果を見ると、お休みにはたしかに癒しの効果はありました。仕事に取り組む姿勢として、「今週はエネルギッシュに仕事ができた」「今週はわき目もふらずに頑張ることができた」という項目で回答を尋ねると、長期休暇後には意欲的になることがわかったのです。

ただし、残念ながら**長期休暇の癒し効果は１カ月も持ちませんでした**。しかも職務要求（時間的プレッシャーや仕事の大変さ）によって、消失するスピードは速まりました。仕事が忙しいと長期休暇の癒し効果はすぐになくなってしまうようです。

一方で、週末が来るたびに何かリラックスできるようなことをすると、消失を遅らせることもわかったのですが、たいていの場合には、１カ月もすると癒し効果はきれいになくなると思ってよさそうです。

長期休暇を取ったからといって、いつまでも癒し効果があるわけではありません。

普通に生活しているだけでストレスが少しずつ溜まるのはしかたがないことなので、あまり癒し効果に期待しないほうがよさそうです。１週間くらいリラックスできて、仕事のモチベーションが高くなれば、取りあえずはよしと考えましょう。

私の場合、長期休暇を取ると気分がだらけてしまってどうにもならなくなるので、休みのときにも少しは仕事をするようにしています。日本人には仕事好きが多いので、ひょっとしたら長期の休暇はあまり必要がないのかもしれません。日本人も欧米人並みに長期休暇を取ったほうがよいという議論がありますが、どうも私は賛成できません。毎日仕事をしているほうがラクなのですが、読者のみなさんはいかがでしょうか。

「サイコパス」は政治家に向いている？

道徳や良心を持たず、悪いことでも平気でやってしまう人がいます。異常な人格者だと言えますが、そういう人を〝**サイコパス（精神病質者）**〟と呼びます。**衝動が抑えられない、罪悪感を覚えにくい、人に共感できないといった特徴**があり、あまり好ましいことではありません。ところが、ある種の職業、とりわけ**政治家のような仕事では、サイコパスのほうが向いているる**のではないか、とも考えられます。

大勢の人に反対されても、ほかの人の気持ちなどおかまいなしなので、自分がやりたいことは断固としてやろうとします。これは、政治家にとって必要な特性だと言えなくもありません。またサイコパスには、恐怖を感じにくい、という特性もあります。ある意味では勇気があるとも考えられるわけで、これもまた政治家に向いている特性だと言えるでしょう。

米国ジョージア州にあるエモリー大学のスコット・リリエンフェルドは、米国の歴代大統領42名について、歴史の専門家や、それぞれの大統領の伝記を書いているジャーナリストにお願いして、「サイコパス得点」を出してもらいました。また、それぞれの大統領が在職中に行った政策についても評価してもらいました。

その結果、**得点が高い大統領ほど、優れた政策を実行できていることがわかりました**。

サイコパスにはいくつかの特性があるのですが、人の上に立ちたがる、大胆さがある、恐怖を感じにくい、といった特性を持っている大統領ほど、高い評価を受けたのです。また、サイコパスの特性のうち、衝動を抑えられない、反社会的である、という特性については、悪い評価につながりやすいこともわかりました。

ちなみに、サイコパス得点と大統領としての評価ともに、最も高かったのはセオドア・ルーズベルトで、２位はジョン・Ｆ・ケネディ、３位はフランクリン・ルーズベルトでした。ルーズベルトといえば、「穏やかに話すんだよ。ただし、手にはちゃんと棍棒を持ってね」という「棍棒外交」で知られた人物ですし、ジョン・Ｆ・ケネディといえば、「人類を月面に立たせるんだ！」とムチャクチャなことを言い出して、本当に実行させてしまった大統領です。どちらもサイコパスらしいといえばサイコパスらしい人物です。

サイコパスは、基本的には人にあまり好かれることはありません。ですが、そういう人のほうが向いている仕事というのもあるのですね。そういえば、リーダーシップが求められる経営者にも、サイコパスの人のほうが向いている、ということを示すデータがあったりもします。サイコパスにも、少しくらいは良いところがあるということでしょうか。

嫌いな相手に無視されたらどう感じるか

読者のみなさんに嫌いな相手がいて、相手もみなさんのことを大嫌いだとします。もしその相手に無視されるようなことがあれば、どう感じるでしょうか。

普通に考えれば、お互いに嫌っているわけですから、そんなに気にならないのではないかと思われます。「無視してもらってかえってありがたい」と感じてもよさそうなものです。

ところが現実には、**嫌いな相手からでも拒否されると気分が落ち込んだりする**らしいのです。人間というのはまことに不思議なものですね。「嫌いな相手から無視されても、ちっともかまわない」ということにはならないのです。

米国カリフォルニア大学のカレン・ゴンサルコラレは、オーストラリアにあるニューサウスウェールズ大学の学生を使って、「嫌いな人からでも拒否されると傷つく」という現象について確認する実験をしています。

ゴンサルコラレは、インターネット上で、バスケットボールのパス回しのような作業をやらせてみました。ただし、本当の参加者以外はみんなサクラで、サクラたちは自分たちだけでパスを回して参加者にはパスを渡さない、というひどいことをすることになっていました。

なお、パス回しをする前に、サクラたちのことを「インペリアル・クランズの支持者」と告げておきました。インペリアル・クランズというのは、オーストラリアにあるＫＫＫ（「クー・クラックス・クラン」）。アメリカに拠点を置く差別主義者の秘密結社）の支部で、差別主義者の集まりです。

たいていの人はインペリアル・クランズのことを良くは思っていませんし、その支持者についても嫌悪感を抱いています。ですので、パスを回してもらえず仲間外れにされたところで、どうということはないはずなのです。

ところが実際には、**自分が嫌いなメンバーからでも、仲間外れにされると心理的にひどくこたえる**ことがわかりました。さらにその後の調査では、仲間外れにされると自尊心が大きく下がり、自分が無意味な存在で、生きている価値がない人間だと感じるようになってしまうことがわかったのです。

相手が嫌いな人でも、あからさまに無視されることは私たちの心をひどく傷つけます。

「私は若い女性にどれほど嫌われようが、ちっともかまわない」と公言している人でも、若い女性から面と向かってひどいことを言われたら、やはりそれなりに落ち込むのではないでしょうか。私たちは、嫌いな人からでも「あなたのことが嫌い」と言われると傷つくのです。

犬はご主人様の帰りを待ってくれているのか

ご主人が帰宅する時間になると、飼い犬が急いで玄関に走って行って、ご主人の帰りを待つ、ということがあります。

犬には、何か特殊な能力があって、「予知能力」のようなものでご主人の帰りがわかったりするのでしょうか。

イギリスにあるハートフォードシャー大学のリチャード・ワイズマンは、飼い犬がご主人の帰宅を本当に予知能力で感じ取っているのかどうかの実験を、4回もくり返しました。

なぜ実験を4回もくり返す必要があったのかというと、飼い犬がご主人を出迎える行動には、「予知能力」ではない可能性がいくつも考えられるため、それらの可能性を1つずつ潰す必要があったからです。

たとえば、飼い犬は、毎日、決まった時間に決まった行動を取っているだけかもしれません。犬にしてみれば単なるルーティン行動で夕方7時に玄関まで散歩しているにすぎず、特にご主人を出迎えているわけではない、という可能性があります。

この可能性を排除するためには、飼い主が帰宅する時間を日によって少しずつ変えるという実験をしなければなりません。

あるいは、犬は飼い主が乗っている自動車の音を聞いたり、家に向かって歩いてくる姿を窓から見たりしていて、それらに反応して玄関に走っていくのかもしれません。

この可能性は、飼い主が自動車を使うのをやめたり、見つからないようにこっそりと玄関に向かったりすることで排除できます。

また、同居人の手がかりに反応しているという可能性もあります。ご主人が帰ってくる時間が近くなると、妻がソワソワしはじめるのかもしれません。その反応を見て、犬はご主人の帰宅が近いことを知り、玄関に向かうのかもしれません。

この可能性は、妻に夫がいつ帰宅するのかの時間を教えないようにすれば排除できます。

さらに、人間の〝**選択的記憶**〟という可能性もあります。私たちは、自分の飼っている犬が玄関で出迎えてくれていれば非常に嬉しく思います。そういう嬉しい記憶はしっかりと頭に残ります。ところが、出迎えてくれなかった日のことは、嬉しくないのですっかり忘れてしまうのかもしれません。出迎えてくれた日のことだけを選択的に記憶しているので、「犬はご主人の帰宅がわかる」という思い込みが形成されているわけです。

この可能性は、毎日飼い犬が出迎えてくれたかどうかの正確な記録を取ってみれば、簡単に排除できます。

ほかにもたくさんの理由が考えられるわけですが、ワイズマンはめぼしい可能性を潰しながら4回の実験を行ったわけです。

では、肝心の結果はどうだったのでしょうか。

犬を飼っている人にとっては残念なお知らせですが、**犬には、ご主人の帰宅を感知できるような特殊な予知能力はまったくない**、ということがわかったそうです。

「うちのワンちゃんは、本当に私が帰ってくるのがわかるんですよ」と言って譲らない人もいましたが、ワイズマンがしっかりと厳密な実験をすると、そんなこともなかったのです。犬を飼っている人には、ちょっとガッカリしてしまう実験結果だったでしょうか。

「親切の押し売り」をどんどんしよう

人は、困っている人を見ても、援助を求められなければ基本的には助けようとしません。なぜなら、本当に困っているのなら自分から援助を求めるはずだ、と思い込んでいるからです。困っているのに助けを求めないことなんてありえない、となんとなく感じているのです。

けれども**困っている人は、困っているからすぐに頼めるのかというと、そうではありません**。助けを求めるのにはちょっぴり勇気が必要で、そんなに気軽には助けを求められないのです。

カナダにあるトロント大学のヴァネッサ・ボーンズは、MBAコースのアドバイザー・プログラムの参加者35名と、ティーチング・アシスタントをしている91名に集まってもらいました。彼らは、いずれも学部生が勉強や生活に困ったときに相談に乗ってあげる係の人たちです。

ボーンズは学期の初めに、「学期中に、どれくらいの学生が自分のところに相談にやってくると思うか？」を推定してもらいました。するとアドバイザー・プログラムの人は、12・6人と予想しました。ティーチング・アシスタントの人は17・8人と予想しました。

けれども、学期の終わりに実際に相談に来た学生の数を聞くと、それぞれに7・6人と14・7

人だったのです。

助ける側の人は、助けを求める人が恥ずかしいといったような理由で頼みにくい、という気持ちを過小評価することがわかりました。

私たちは、よほど助けが必要であれば、「助けてください」とお願いできるのですが、困っている度合いがそんなに大きくない限りは、援助をお願いしにくいのです。

ですから、**助ける側の人間が気を遣わなければいけません**。「困っているのなら、自分から助けを求めてくるだろう」ではなく、「何か困ってない？」と自分から積極的に声をかけていきたいものです。

こういう「親切の押し売り」はどんどんやりましょう。彼らも本当は助けを求めたいのですが、なかなかできずに困っているわけで、親切の押し売りをしてもらったほうがありがたいのです。

職場でもそうです。重い荷物を抱えて歩いている人がいたら、相手から援助を求められなくとも、「半分お持ちしますよ」と言ってあげましょう。そうして荷物を強引に取るくらいのほうが、相手には喜ばれるでしょう。助けてもらいたくとも、素直に「助けて」と言えないのが人間のホンネですからね。

女性の社会進出による意外な弊害

アメリカでは過去30年から40年ほどで、女性の地位、権利、生活がものすごく改善されてきました。これはどんな指標を取ってみても明らかです。

かつての女性は非常に弱い立場にあり、男性に比べるとあまり権利も認められていませんでした。この何十年かの間に、女性はどんどん社会進出を果たし、以前とは比べものにならないほどの権利を手に入れたのです。

ところがですよ。普通に考えれば、女性の地位、権利がどんどん向上していったのですから、それに合わせて女性は幸福になっていってもよさそうですよね。不満を感じる原因が1つ、また1つと取り除かれていったのですから、幸福度もどんどん高まりそうなものです。

けれども、米国ペンシルバニア大学のベッツィ・スティーブンソンが調べたところ、**1970年代の女性のほうが、2000年代の女性よりはるかに幸せを感じていた**ことがわかりました。女性の感じる幸福度は、調査期間の30年ほどの間にみるみる落ちていたのです。

なぜ、こんなことになるのでしょうか。

スティーブンソンによれば、「女性が男性化してきたこと」が可能性の1つとして考えられるそうです。

もともと幸福度の調査をするとはっきりと男女差が表れることがわかっています。**たいていの場合、男性の幸福度は女性に比べてものすごく低い**のです。

女性は社会に出るようになって、男性と同じように仕事でストレスを感じるようになり、出世や給料について悩んだりすることも増えました。仕事や地位に関しては、男性とほとんど同じ権利を手に入れたわけですが、その結果、**幸福度に関しても男女差がなくなった**のだと考えられるのです。

「男性と同じ仕事をしたい！」という女性の願いがかなって、男性と同じ仕事がどんどんできるようになってきているわけですが、「男性と同じストレス」も同時に感じるようになったわけですから、なんとも皮肉なことだと言えなくもありません。

それにまた、人間というものは、1つの不満が解消されるとすぐに新しい不満のタネを見つけるのが普通ですから、いつまでたっても根本的に不満が解消されることなどないのかもしれません。いつまでも不満はなくならないだろうな、と悟っていたほうが、いちいち小さなことで腹が立たなくて済む、ということもあるでしょう。

頭の良い人ほど仕事を楽しめる理由

高学歴で頭の良い人は、人生の勝ち組になれます。みんなそれをわかっているので、わが子に高いお金をかけて教育をさせようとするのです。

「勉強なんてできなくたって、社会で生きていける」

「学歴なんて、社会に出たら無意味」

そういう考え方の人もいるでしょうが、**頭が悪い人よりは、やはり頭が良い人のほうが人生で勝ち組になれる確率は高い**ようです。

「勉強ばかりの人生じゃ、ちっとも面白くないだろう」

そんな考え方も間違いです。調べてみると、頭が良い人のほうが仕事でも楽しめることがわかっているからです。

米国インディアナ大学のエリック・ゴンザレスミュールは、１９８０年から２０１４年までに発表された、「頭の良さ」と「職務満足感」との関連性を調べた38本の論文を、統合的に分析し直してみました。

研究によっては、「頭の良さは関係ない」という結論のものもありましたし、「いいや、大いに関係がある」という結論のものもありましたが、それらを総合的にまとめて分析したのです（こういうやり方を**〝メタ分析〟**と言います）。

頭の良さは、「ジェネラル・メンタル・アビリティ（ＧＭＡ）」というテストで測定し、このテストで高得点の人ほど、職務満足感が高くなることがわかりました。**頭の良い人のほうが、仕事が楽しくて面白い、と感じていた**のです。

ただし、頭の良いことが直接的に満足度を高めるのかというと、そういうわけではありません。ゴンザレスミュールが調べたところ、頭の良い人は、単調作業が求められる仕事ではなく、よりチャレンジングなワクワクする仕事に就くことができていました。そういう仕事に就くことができたので、仕事の満足度も高かったのです。

頭の良い人は、より挑戦的でより困難な仕事に就くことができます。頭の悪い人は、どちらかというと、単純な仕事の職種にしか就くことができません。それが満足度の差となって現れるのです。

たっぷり勉強して、高学歴になればなるほど、本人が選択できる仕事の幅が広がります。そういう意味でも、多くの親がわが子にたっぷりと教育をさせるのは間違いではないと言えるでしょう。

第5章

前向きになれる心理学研究

背を伸ばしたいならこの映画を見よう

身長を伸ばしたいと思う人はたくさんいます。

牛乳をたくさん飲めば背が伸びるとか、バスケットボールをすると背が伸びるとか、いろいろと迷信じみたことがいわれていますが、本当かどうかは私にはわかりません。

私たちの骨はカルシウムからできているので、カルシウムをたっぷり含んだ牛乳を飲めば、ひょっとしたら背が伸びるのかもしれませんが、私は栄養学の専門家ではないので、真実のほどはよくわからないのです。

けれども、背を伸ばす方法なら1つ知っています。

それは、**たっぷり笑うこと**。

「えっ!? 笑うだけで背が伸びたりするなんて、ウソでしょ!?」と思われるかもしれませんね。

けれども、これは本当です。

米国カリフォルニア州にあり、全米でも最大級のプロテスタント系私立医科大学であるロマ・リンダ大学のリー・バークは、ストレスや緊張を抱えていると背が伸びないということから、逆の発想で、ストレスを減らしてあげれば、背は伸びるのではないかと考えました。

そこで男子大学生を集めて、半分にはコメディ映画を見せ、残りの半分には特に何もしないという条件で血液サンプルを採取しました。

すると、**コメディ映画を見て、たっぷりと声を出して大笑いしたグループでは、血液中のコルチソルが急激に減少していることがわかりました**。コルチソルは「ストレス・ホルモン」とも呼ばれる物質です。これが減少したということは、とてもリラックスできたということです。

さらに、**コメディ映画を見た後には、成長ホルモンも分泌《ぶんぴつ》されることがわかりました**。成長ホルモンは、その言葉からもわかる通り、「身長を伸ばすホルモン」としてよく知られているものです。


もし、**自分の身長のことで悩んでいるのなら、コメディ映画をたくさん見るとよい**かもしれません。

さらに付け加えると、成長ホルモンは思春期の人だけではなく、大人にとっても必要なホルモンです。ただ身長を伸ばすということだけではなく、体調のバランスを整えてくれるなどの有益な働きをしてくれます。

とにかく大笑いできればよいのですから、コメディ映画でなくとも漫画でもかまわないでしょうし、面白い動画などでも同じ効果が期待できるかもしれませんね。

太っちょの赤ちゃんは頭が良い

未熟児を扱った研究では、体重が少ないほど知的な発達が遅れることが知られています。身体の発達が遅れがちな未熟児の赤ちゃんは、頭の発達も遅れる傾向にあるようなのです。

では、標準的な赤ちゃんではどうなのでしょうか。体重の重さと知的な発達には、どのような関係が見られるのでしょうか。体重の重い、太っちょの赤ちゃんのほうが知的な発達が早いということもあるのでしょうか。

イギリスにあるエジンバラ大学のスーザン・シェンキンは、標準的な赤ちゃん（出産時の体重が2500g以上）を扱った6つの研究についての再分析をしてみました。

すると、**体重が重い赤ちゃんほど、生後37週から42週目の赤ちゃん向けの知能テストで高得点を挙げるという傾向が明らかになった**のです。

簡単に言えば、太っちょの赤ちゃんほど頭も良い、ということです。

「うちの子どもったら、なんでこんなに太っちょなのかしら？」

「こんなに重たくて、本当に自分の体重を支えて歩けるようになるのかしら？」親は子どもが痩せすぎていると心配し、太りすぎてもやはり心配するものです。けれども太っちょだからといって心配はいりません。むしろ、知的な発達が早いのだと喜んでください。

もちろん、ただ赤ちゃんを太らせれば頭が良くなる、というわけではありません。

なぜ赤ちゃんが太っちょになるのかというと、それだけ親が子どもに良いものを食べさせるからです。「栄養のあるものを子どもにたくさん食べさせよう」という親に育てられている赤ちゃんほど、太っちょになるのです。

それに、部屋をキレイにしておくとか、赤ちゃんのいるところではタバコを吸わないとか、テレビの音がうるさいところで眠らせないとか、いろいろと世話を焼く親に育てられる赤ちゃんほど、ストレスもなく育つでしょう。そういう赤ちゃんも、やはり太っちょになります。

つまり、太っちょの赤ちゃんほど頭が良いというのは、それだけ親が子どものためにいろいろと手間をかけてあげている、というだけかもしれません。そういう赤ちゃんのほうが、知的な発達も早い、ということは当たり前といえば当たり前です。

親が赤ちゃんの面倒をあまり見ないとか、栄養のあるものを食べさせてあげなければ、身体も大きくなるわけがありません。そういう赤ちゃんは、知的な発達も遅れてしまいます。

結局は、親がどれだけ赤ちゃんのために献身的《けんしん》にしてあげるかということが大切なのであって、赤ちゃんが太っちょであるかどうかというのは、二次的なことなのかもしれません。

イヤなことを我慢してするときのコツ

だれでもやりたくないことをしなければならないときがありますよね。

たとえば、仕事。「仕事が大好き」という人はそんなにいないのではないかと思います。あるいは掃除であったり、庭の草むしりであったり、「できればやりたくないな」ということはいくらでもありそうです。

さて、それでも**苦痛なことをやらなければならないときには、音楽を聴きながらやるとよい**ですよ。勉強が嫌いな人は、好きな曲をかけながらやってみてください。そんなに苦痛も感じません。真夏に庭の草むしりをしなければならないときにも、音楽をかけながらやってみるとけっこう頑張れるものです。

米国マサチューセッツ工科大学のR・メルザックは、苦痛なことでも音楽を聴きながらやるとそちらに気を取られるので我慢できるものだ、ということを実験的に明らかにしています。

メルザックは、冷たい氷の入ったバケツに手を突っ込ませて、どれだけ我慢できるのかという実験をしてみました。痺れるような痛みを感じる冷たさです。そんなに我慢できるものでもありません。

ただし、**このとき半数の参加者にはイヤホンで音楽を聴きながら耐えてもらいました。するとどうでしょう。けっこう長い時間頑張ることができた**のです。

別のグループにはイヤホンは着けさせるのですが、音楽は聴かせませんでした。「イヤホンからは人間が感知できない音が出ていて、それによって痛みは少ないはずですよ」と伝えましたが、実際に音は出ていません。しょせんはウソですから、そんなに我慢できませんでした。

辛いことをしなければならないときには、その辛さを感じにくくするために、音楽を聴くとよいでしょう。

音楽を聴いていればそちらに気を取られて、辛いことも気にならなくなります。完全に痛みや苦しみがなくなるわけではないのですが、それを抑えることができるのですね。

そういえば、歯医者によっては診察室に音楽を流しているところもあります。歯の治療には痛みを伴うことが多いのですが、ゆったりした音楽がかかっていると、痛みも小さくなるのです。こういう配慮や工夫は、患者さんにとっても良いことだと思います。

仕事が嫌いな人も、もし会社に許してもらえるのなら、好きな音楽を聴きながら仕事をするのがよいのです。不真面目な印象を与えるかもしれませんが、本人の「イヤだな」という気持ちは抑制できますし、かえって生産性も上がりそうに思うのですが、いかがでしょうか。

「バカ騒ぎ」で一気に親近感が高まる

昔は、学校でも職場でも、人の付き合いというものはかなり親密でした。というのも、どこの学校にも、どこの職場にも、ひょうきんでバカなことをする人がけっこういて、一緒に自分もバカなことをやっているうちに仲良くなってしまったのですね。

それに比べると、最近の人たちは上品になったというか、あまりバカ騒ぎもしないようです。だからなのか、お互いの関係も冷めたものになりがちな印象を受けます。

人間というのはバカなことを一緒にやっていると、ものすごく仲良くなれるのです。ですから、たまにはバカなことをするのもよいのではないでしょうか。「お祭り」というのも、もともとは人々がもっと仲良くなるために、バカげたことを一緒にするための口実として生まれたのではないかと私はにらんでいます。お酒を飲んで酔っ払い、お互いにバカなことをすることで、人とのつながりは深くなっていくものだからです。

米国ニューヨーク州立大学のバーバラ・フラレイは、お互いに面識のない同性のペアをつくらせて、一緒にバカげたことをさせるという実験をしてみたことがあります。

たとえば、片方がストローを噛んだ状態のまま、ダンスのステップをもう片方に伝えるのです。伝達役は、ストローを噛んでいるので、おかしな声で指示を出さなければなりませんでした。そのため、ダンスをする役のほうはみんな大笑いでした。

さて、このような**バカげた行為を一緒にやってもらった後で、「相手にどれくらい親近感を覚えましたか」と尋ねると、かなりの親近感を覚えることがわかりました**。

一方でフラレイは、まったく面白くもない作業を一緒にやらせるグループも設定していましたが、こちらのグループでは、当然、親近感は高まりませんでした。

人と仲良くなりたいのであれば、バカげたことを一緒にやってみることです。上品なことをやっているだけでは、人は仲良くなれません。

かつての職場の社内旅行では、バカなことをする人がいくらでもいました。そういうことが許容される雰囲気もありました。露天風呂だと勘違いして、ホテルの池にみんなで入ったというエピソードなどいくらでもありました。そのためみんな仲良くなれたのです。最近では、社内旅行自体がなくなる方向に向かっているようで、これは残念なことだと思います。

また、**ハロウィンにしろ、クリスマスにしろ、お花見にしろ、パーティーは良いことです。どんどん積極的にやりましょう**。普段とは違う自分をさらけ出し、みんなで一緒におかしなコスプレをして騒いでみるのも、たまには楽しいですし、人間関係も深まるものなのです。

年収の高い人に共通すること

自分を大切にする気持ちを、心理学では〝自尊心〟と呼んでいます。自分のことを誇らしく思い自分を好きになることで、自尊心は高くなります。

さて、この自尊心なのですが、どうも年収にも影響を及ぼしているらしいのです。だとすれば、**年収アップのためには、まず自尊心を高めることがとても大切**であると言えるでしょう。

イタリアのナポリ大学のフランセスコ・ドラゴは、1980年と1987年の2回、自尊心の高さを測定するテストを行って、1988年時点での収入について調べてみました。

自尊心のテストで中央値以下の人たちと中央値以上の人に分けて、それぞれの収入を計算してみると、図5のようになりました。

この結果によると、**自尊心の高さはたしかに賃金に大きく関係している**ことがわかります。自尊心が高い人のほうが、たくさんお金を稼いでいるのです。

ただ、考えてみるとこの結果はそんなに驚くようなことでもありません。

図5　フランセスコ・ドラゴの実験結果

調査年	1980年		1987年	
自尊心	中央値以下	中央値以上	中央値以下	中央値以上
1988年の時給賃金（セント）	781	888	763	914

なぜかというと、自尊心が高い人は自分のことを大切に思っているからです。自分のことを大切にしていれば、ほかならぬ自分自身のために一生懸命に働くことができます。そうすれば、自分はもっと幸福な生活が送れると思うからです。自分を大切に思えばこそ、自分の人生で手を抜けないのです。

その点、「自分なんて嫌い」「自分は本当にダメなヤツ」と考えている人は、そんなに本気で仕事をしません。「自分なんて、どうなったってかまわない」と思っている人は、自分のために一生懸命に働くのも、バカバカしく思えてしまうのでしょう。本気で仕事をしていないのですから、その勤務態度もよろしくないでしょうし、上司からの評価も悪くなります。これでは、賃金が増えるわけもないのです。

まずは自分のことを大切にしてください。自分のことを大切に思えば、真剣に仕事に取り組むことができます。マジメに働いていれば、必ず、その態度はほかの人に評価してもらえます。マジメにやっているのに評価してもらえない、ということはありません。

「会社のために働く」のは間違い

日本では、「会社のために身を粉にして働く」のが美徳のように思われています。けれども、**会社のために働いてはいけません**。滅私奉公《めっしほうこう》の精神は必要ありません。「自分のために働く」のが正解ですし、そのほうが会社にとっても良いのです。

ではなぜ、自分のために働くほうがよいのでしょうか。

その理由は、前項でもお話ししたように、ほかならぬ自分のためだと思えば、本気で仕事に取り組むことができるからです。「会社のため」と言われても、なんだかあまり意欲は湧きませんが、「自分のため」だと思えば、手なんて抜けませんよね。

ソニーの創業者の1人である盛田昭夫《もりたあきお》さんも、新入社員に向かって、「自分のために働け！」とハッパをかけていた、という話を聞いたことがあります。「会社が無理やりにキミたちを引っ張ってきたわけではないのだから、自分のために精一杯働いてくれ。それが会社にとっても利益になるのだ」といった趣旨のことを、毎年の入社式で語っていたそうです。

米国テネシー州にあるメンフィス大学のエドワード・バーショーは、16の会社で働くセールスマン１３００名にアンケートを配布し、そのうち５６０の有効回答を得ました。

その結果、**「会社のために頑張る」人よりも、「自分のために頑張る」人のほうが、セールスマンとしてのパフォーマンスが高いことがわかりました**。自分のために頑張っている人のほうが、セールス能力が高く、お客との関係を構築する技術があり、ライバル社の商品知識もあり、計画性や段取り力も高かったのです。


なぜ、自分のために頑張る人のほうがパフォーマンスが高くなるのかというと、自分の出世、昇給につながると思えば、自然とモチベーションが上がるからでしょう。自分のためになるなら、セールス能力を磨こうとか、商品知識も増やそう、という気持ちにもなれるのです。

その点、「会社のために」働いている人は、自分の技能を伸ばそうという気持ちにはなりにくいと思います。会社のために自分一人で頑張っても、会社の利益がすぐに上がるわけではありません。会社は、自分一人で成り立っているわけではないからです。頑張って会社に貢献しても、目に見える利益がすぐに出るわけではないのです。

会社のために頑張って働いてみても、目に見える利益が上がらないと、普通の人はやる気をなくします。「自分一人くらい頑張っても、あまり変わらないのだな」というあきらめの気持ちが生まれます。

その点、「自分のために頑張る」のであれば、結果は目に見える形ですぐに出ます。手を抜いていれば評価は下がりますし、出世は遅れます。逆に、頑張れば頑張っただけすぐに結果が出ます。そのため、もっともっと頑張ろう、という気持ちになれるのです。

「会社のために頑張ろう」という心がけは立派だと思いますが、それでは本気で仕事に取り組もうという気持ちにはなれません。だから**「自分のために働く」という考えでよい**のです。

人付き合いが苦手な人に向いている職業

就職面接でコミュニケーション能力が重視されるように、だれとでも人当たりよくお付き合いすることは、どんな職業でも必要なことだといわれています。「笑う門《かど》には福来る」という言葉もありますし、中国には、「笑顔を見せられない人間は商売をやってはいけない」という意味のことわざもあるそうです。

とはいえ、もともと性格的に内気で、社交的に振るまうことができない人は、世の中にはいくらでもいるでしょう。そういう人は、仕事で成功することはできないのでしょうか。

いえいえ、そんなこともありませんのでご安心ください。**世の中には、「人付き合いが苦手」という人のほうが、成功する見込みの高い仕事というのもちゃんとあります**から。

イスラエルにあるインターディシプリナリー・センターのツァチ・アインドールは、プロスポーツの世界では、孤独に耐えることができ、自分の力だけを信じて黙々と練習する人ほど成功するのではないかと考えました。つまりは、社交的「でない」人間のほうが、うまくいくに違いない、と考えたのです。

そこで、イスラエルのプロシングルテニスプレーヤー男性40名、女性18名に調査をしました。彼らのプロ選手としてのキャリアは平均して5・8年でした。

アインドールは、彼らにどれくらい人嫌いなのかを教えてもらう一方で、1カ月後、2カ月後、8カ月後、1年後、1年4カ月後まで追跡調査をして、彼らの公式ランキングを調べてみました。

その結果、**「人嫌い」の度合いが高いプロ選手ほど、ランキングは高くなるという明確な傾向が得られた**のです。人嫌いの人は、ほかの人と交際などせず、ひたすら練習に明け暮れます。そのため、ランキングも高くなるのでしょう。

人嫌いが成功するのは、スポーツの世界だけではありません。アインドールは、**コンピュータ・サイエンスの世界も、やはり人嫌いのほうが成功しやすい**ということを突き止めています。

コンピュータ・サイエンス業界で成功するためには、スポーツ選手と同じように、1人で黙々と作業をすることが求められます。こういう職種では、人嫌いが有利に働くのです。

付き合いが苦手で、よそよそしい人、冷たいと思われている人は、たしかに多くの職業では不利なことがあるかもしれません。けれども、あらゆる職業で成功しないかといえば、そんなこともありません。「人嫌いなほうが向いている仕事」というのもちゃんとあるわけですから、そういう道に進めばよいのです。

ポジティブに生きれば仕事もうまくいく

毎日、ハッピーな気持ちで仕事をしていれば、仕事は成功するように思えます。ハッピーな気持ちが、幸運を呼び込んでくれるからです。

ところが、この因果関係は逆なのかもしれません。仕事がうまくいっているからハッピーな気持ちになれるのであって、ハッピーだから仕事がうまくいくわけではない、という考え方もできます。「ハッピーな気持ちが成功に結び付く」という因果関係と、「成功しているからハッピーな気持ちが生まれる」という因果関係では、どちらが正しいのでしょうか。

ドイツにあるエアランゲン・ニュルンベルク大学のアンドレア・アベルは、法学部、医学部、教養学部、経済学部、工学部の学生たち1336名について、卒業1年後、3年後、7年後、10年後までの追跡調査を行いました。彼らはさまざまな職業に就いていていました。

何を調べたのかというと、客観的な成功と主観的な成功の2つ。

客観的な成功は、月収と、組織内でのポジションで調べました。収入なしの人を0点とし、1万ユーロ以上稼ぐ人を11点として測定したのです。また、入社してから出世した回数も測定し、これらを客観的な成功の指標としました。

主観的な成功というのは、本人の満足感です。どれだけ仕事が好きで満足しているかで得点を出しました。

アベルは客観的な成功と主観的な成功の要因について、それぞれに因果関係の強さを求めてみたのですが、**「主観的な成功（満足）が高ければ、客観的な成功も後から付いてくる」という因果関係のほうが強い**、ということが明らかにされました。「客観的に成功しているから、主観的にも成功（満足）を感じられるのだ」という因果関係については、弱かったのです。

結論としていえば、**「仕事がうまくいっているから、ハッピーになれる」のではなくて、「ハッピーでいるから、仕事はうまくいく」**という因果関係が見られると言えるでしょう。


もし仕事で成功したいのであれば、とにかく不満などを抱えず、「なんて自分は幸せ者なんだ！」とか、「いやあ、毎日楽しくてしかたがない！」という言葉を口グセにしましょう。そういうハッピーな気持ちで仕事に取り組んでいれば、そのうちに成功もやって来るでしょう。

自己啓発系の本には、普段からポジティブな思考をするようにしていると、ポジティブな結果が訪れると書かれています。「そんなにうまくいくものかなあ？」と疑問に思う人もいると思うのですが、どうやらこれは本当のことだと言えます。毎日ウキウキしながらポジティブに生きていきましょう。そうすると仕事もうまくいきます。

ハッピーになれるお金の使い方

賢くお金を使いたいのであれば、「モノより思い出」というルールがあることを覚えておくとよいかもしれません。

買い物をするのが楽しいという人もいるでしょうが、基本的に「モノ」にお金を使っても、人は幸せな気分になれません。

「なんだかつまらないものにお金を使っちゃったな」

「なんでこんな買い物をしちゃったんだろう」

そういう後悔が起きることもしばしば。ですから、「モノ」にお金を使うのは、賢明なお金の使い方とは言えないのです。

その点、形としては残りませんが、「経験や思い出になるもの」にお金を払うのは非常に賢いお金の使い方になります。

たとえば、自己成長のためにセミナーに出かけるとかスクールに通ったりするのは、良いアイデアです。あるいは旅行に出かけたりするのも良いでしょうね。こういうところにお金を使うと、人はハッピーな気分になれますから。

図6 リーフ・ファンボーベンの調査結果

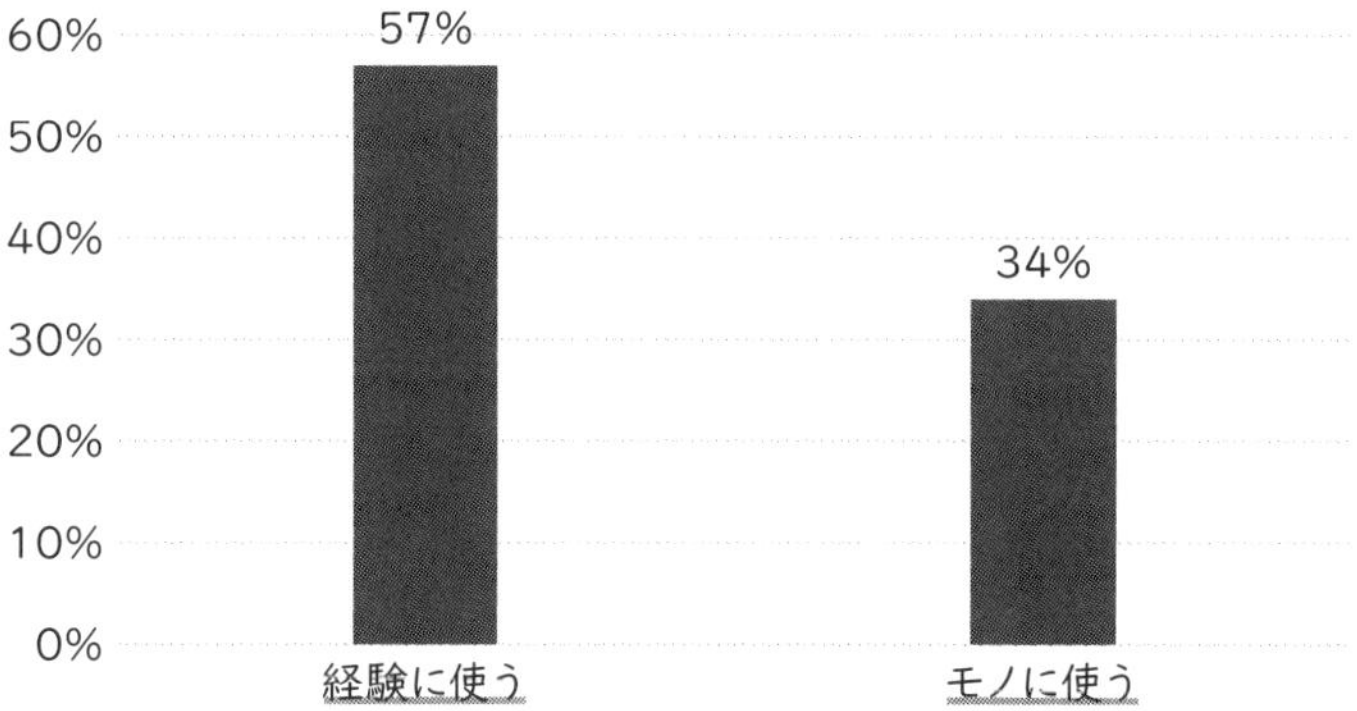

※数値は「ハッピーになれると思う」と答えた人の割合を示す

米国コロラド大学のリーフ・ファンボーベンは、電話帳でランダムに選んだ１２７９名の人にインタビューをお願いしました。お金を使うとして、どれくらいハッピーになれるのかを尋ねるインタビューです。

その結果、図６のような結果になりました。

人は経験的に、**「モノよりも何か経験できること」にお金を使ったほうが、自分がハッピーになれる**ことを知っているのでしょう。

モノを買えば品物は残ります。経験や思い出にお金を使っても何も残りません。けれども、何か新しい経験をするとか、かけがえのない思い出が手に入れば、人はとてもハッピーな気分になれるのです。

不幸より幸せの数のほうが多い

ウキウキするような出来事と、ガッカリするような出来事があるとして、私たちの心理に大きな影響を与えるのはガッカリするような出来事のほうです。「ポジティブなこと」より「ネガティブなこと」のほうに、私たちの心は引っ張られやすいと言えるでしょう。

たとえば、職場で上司にホメられたとか、大好きな先輩からデートに誘われたとしましょう。これはとてもウキウキするような出来事です。その一方で、お客さまに怒鳴られるとか、発注ミスをしてしまったとか、自分の陰口をたまたま耳にしてしまったとか、非常にガッカリするような出来事が、まったく同じ日にあったとしましょう。

では、どちらが私たちの心理に大きな影響を与えるのかというと、だいたい想像が付くと思うのですが、明らかに後者なのです。**ポジティブなことがあっても、ネガティブなことがあれば私たちの気分はものすごく落ち込む**のです。

米国ミネソタ大学のアンドリュー・マイナーは、ある照明製造会社の従業員にポケットベルを渡して、1日に4回ほどランダムな時間に連絡を取りました。従業員たちには、ポケットベルが鳴ったときに、嬉しいことや不愉快なことがあったかどうかと、その時々の気分について記録を取っていくことが求められました。

すると、同僚にジュースをおごってもらうとか、上司に勇気付けられるとか、ポジティブな出来事がネガティブな出来事よりも3倍から5倍も頻繁に起こっていることがわかりました。幸せな出来事と不幸せな出来事では、圧倒的に幸せなことのほうが多かったのです。

ところが、自分の気分に影響を与えるのはネガティブな出来事のほうでした。**ポジティブな出来事よりもネガティブな出来事のほうが、5倍も気分との結び付きが強かった**のです。

ポジティブな出来事があったからといって、必ずしも気分が上がるわけではありません。気分が上がるときもあれば、そうでないときもありました。ところが、ネガティブな出来事があれば、ほぼ確実に不愉快な思いになったり、気分が落ち込んだりしたのです。

私たちの気分は、ネガティブ方向に引っ張られやすい傾向があります。嬉しいと思うときより、何だか不愉快な気分を感じるときのほうが多いように思うのは、そのためです。

実際には、ポジティブな出来事はより頻繁に起こっているのですから、「自分はツイていない人間で、不愉快なことばかりが起きる」というのは、単なる思い込みです。本当は、ポジティブな出来事はもっとたくさん起きているのです。

ごつい顔の男性が女性にモテる理由

男性は思春期を迎える頃に顔つきが変わります。

思春期になって、テストステロン（男性ホルモン）がどれだけ分泌されるかで、上唇から眉毛までの長さが変わってきます。一般に、あまりテストステロンが分泌されない男性は、女性的で、うりざね顔（やや面長な顔）になっていきますが、テストステロンがたくさん分泌される男性は、エラが張って、ヨコに大きな顔になります。

シンガポール・マネジメント大学のキャサリン・ヴァレンタインは、スピード・デート実験に参加した男性の顔立ちを調べて、どんな男性ほど女性にモテるのかを調べています。

スピード・デート実験とは、一人ひとりと3分間ずつおしゃべりするだけで、デートするかどうか、お付き合いしてもよいかどうかを決めるという実験です。

たった3分間で人を判断できるのかと思われるかもしれませんが、けっこうわかるものです。わずか3分間でも実際に話してみると、相手の人柄や、将来性なども、わりと正しく判断できるのです。

さて、このスピード・デート実験で面白いことがわかりました。顔のタテの長さとヨコの幅で調べてみると、**ヨコに大きい顔（男性的な顔）の人のほうが、女性たちから、魅力的で、もう一度デートしてほしい、という評価を受けやすかった**のです。

面長で、女性的な顔立ちのほうが、なんとなくモテそうな気もするのですが、そうではありませんでした。がっしりした顔というか、いかつい顔の男性のほうが、実際にはモテモテだったのです。

なぜそうなるのかというと、ヴァレンタインの分析によれば、**男性的な顔の人のほうが社会に出て成功する可能性が高いから**だそうです。

男性的な顔の人は、テストステロン（男性ホルモン）がたくさん出ているから、そういう顔になっているのです。男性ホルモンの分泌が多いということは、競争的で、積極的だということです。こういう人は負けず嫌いなので、社会の競争に出ても負けません。金銭的にも豊かになれる確率は高くなります。

ヴァレンタインによると、女性は心のどこかで経済的に安心できる男を求めていて、直感的に、どういう男が成功しやすいのかを見抜くのだそうです。その際に重要なのは顔立ちで、横幅のある男性的な顔かどうかで判断している、というのがヴァレンタインの分析です。

「僕は、いま風の顔をしていないから、女性にモテるわけがない」

「私は、いかつい顔をしているから、女性に相手にされるわけがない」

そうやって自分の顔立ちを嘆いている男性がいるかもしれませんが、それは違います。女性は、いかつい顔の男性のほうが本当は好きなのです。

「自称美人」は「本物の美人」より幸せ

ハンサムな男性や美人の女性は、いろいろなところでトクをします。買い物をするときには、ハンサムや美人ほど店員は愛想良く接してくれるでしょうし、レストランでは店員がすぐに注文を取りに来てくれるでしょうし、職場では上司や重役がやさしくしてくれるでしょう。

その点、顔立ちがあまりよろしくない人は、周囲の人にチヤホヤしてもらえることもなく、心の中にはうっぷんが溜まりそうです。

ハンサムや美人は、いろいろとトクをするので、人生に不満を感じる必要はありません。ですので、彼らの人生満足度は非常に高い、と想像されます。

米国イリノイ大学のエド・ディーナーは、２２１名の男女に、まず自分自身の魅力の自己評価をしてもらいました。つまり、「自称ハンサム」「自称美人」の得点を出してもらったのです。その一方で、彼らの顔写真を撮らせてもらったものを10名の判定員に見せて、彼らの魅力を客観的に判断してもらいました。

それから、「あなたは自分の人生にどれだけ満足していますか?」「どれだけ幸福ですか?」

と尋ねてみると、**判定員に「魅力的」と判断された人ほど、人生満足度も幸福度も高いことがわかりました**。やはりというか、ハンサムや美人は人生満足度が高かったのです。

ところが、さらに面白いことをディーナーは発見しました。

ほかの人から魅力的だと評価されていなくとも、自分で自分のことを魅力的だと思っている、すなわち**「自称ハンサム」「自称美人」のほうが、さらに人生満足度は高かった**のです。本人の思い込みのほうが、客観的な評価よりも人生満足度には影響していました。

たとえ客観的には十分に「ブサイク」というカテゴリーに分類される人であっても、もし本人が「私は美人」と思い込んでいれば、その人は自分の人生にとても満足することができるでしょう。幸せな人生を歩むことができるはずです。

ところが、仮に客観的には「美人」に分類される人でも、自分で自分のことを「魅力的ではない」と思い込んでいたら、その人は自分の人生に満足することもできませんし、幸福を感じることもできません。

人生を楽しく生きるコツは、自分をだましてしまうことです。**「私はとても魅力的」だと自分に言い聞かせ、本気でそのように思い込んでいたほうが、楽しい人生を送れる**のだということを覚えておきましょう。

大きな夢なんて持たなくてよい

大きな夢を抱くことは、基本的には良いことです。

「俺は将来、絶対、ビッグになってやる!」

「何千万円もする高級外車を乗り回せるような人間になってやる!」

そう思えばこそ仕事に対するモチベーションも湧くのであって、夢を持たない人はただ惰性で働くだけになります。クラーク博士の「少年よ、大志を抱け」という名言もありますが、特に若い人は大きな夢を持ちなさいとハッパをかけるのは、一般に良いこととされています。

けれども、ここで待ったをかける心理学者がいます。

米国ニューヨーク州にあるロチェスター大学のティム・キャッサーです。キャッサーによると、**「アメリカン・ドリームなんて持っているからこそ、人は不幸になる」**のだそうです。

なぜなら、大きな夢はなかなか達成できないからです。どんなに努力しても夢を達成できないと、たいていの人は失意に打ちのめされます。「自分はダメな人間だ」という無能感にさいなまれます。その結果、健康を害することもあります。

キャッサーがロチェスター在住の家庭にアンケートをとって調べてみたところ、「金銭」「外見」「社会的に認められること」「出世」など32の夢について**大きな夢を抱いている人ほど、「生きるための元気」や「活力」が失われ、「身体的な病気（偏頭痛や気だるさなど）」を感じることが多くなる**という結果が得られました。

大きな夢を持ったほうがよいというのは、単なる幻想にすぎず、むしろ本人を苦しめるだけなのではないか、というのがキャッサーの主張です。

大きな夢などを抱くのではなく、むしろ、小さなことでも喜べるようにしたほうが、本人にとってははるかに幸せかもしれません。

「大きな家に住みたい」とか、「高級車に乗りたい」という気持ちを強く抱いていると、狭い家に住んでいる現実に不満ばかりを感じてしまうでしょう、軽自動車に乗っている自分をつまらない存在だと感じてしまうでしょう。その点、大きな夢を持っていない人は、狭い家でも「住めば都」でいられるでしょうし、燃費の良い軽自動車に恥ずかしさなどは感じません。

もちろん、大きな夢を持ってもよいとは思うのですが、「その夢が、自分を苦しめていないか」ということも、ちょっと自問自答してみてください。「夢を持つことが苦しい」と感じるのなら、その夢は自分にとっては大きすぎる可能性があります。そんなときには、**もっと小さな夢に変えるなど、柔軟に対応してもよい**のではないでしょうか。

死んだ気になればなんでもできる

だれでも自分が死ぬことなど望んでいないとは思いますが、「死にかける」くらいであれば、一度くらいは経験しておいても悪くないかもしれません。なぜなら、**死を感じることはその後の人生に大きな影響を与える**からです。

米国アリゾナ州立大学のリチャード・キニアーは、死に直面することは、私たちの人生にどれだけの影響を与えるのかを調べてみました。

キニアーは、死に直面して生き延びた人を探し出しました。自動車事故に遭ったり、がんの手術を受けたり、ダイビング中に事故に遭ったり、心臓発作で倒れた人たちなどです。そしてキニアーは死に直面した人たちに、「死に直面して、何か変わりましたか?」と聞きました。

その結果、**死に直面した人たちは、みんな口をそろえて次のような「ポジティブな変化」があったと認めました**。

・お金や財産にあまり関心がなくなった

・他人へのやさしさや奉仕精神が生まれた
・日常的なことにあまり心配したり、悩んだりしなくなった
・将来に対して、楽観的に考えられるようになった

「もう少しで死ぬところだった」という経験をすると、私たちは、お金のためにあくせく働くのがつまらないことだと気付きます。それよりも、ほかの人との触れ合いのほうがとても大切なことであると考え、家族や恋人と一緒にいる時間はなんと大切なのだろう、と本気で感じられるようになるのです。また、こまごまとしたことに心を悩まされるのもつまらないことだとわかり、小さなことではちっとも悩まなくなります。

一度死んだ気になれば、たいていのことで悩まなくなります。

「もっとお金がほしいな」
「大きな家に住みたいな」
という物欲もきれいに消えてしまうでしょうし、ただの卵かけご飯でも、涙が出るほどおいしく感じられるようになるでしょう。

死にかけることは、たしかに危険なことではあります。けれども、それによってその後の人生にポジティブな影響が及ぶのであれば、悪くないことのようにも思えます。だからといって、わざわざムリに死にかける必要はありませんが。

イヤな性格も年を取れば変わる

若い頃には、小さなことについて絶えずピリピリしているような人でも、年を取ってくると、次第に気にするのが面倒くさくなってくるというか、どうでもよくなってくるというか、そうした性格の変化が見られるようです。

「私は、一生神経質なのかな……」

「私の細かい性格は生まれつきで、もう直らないのかな……」

そんな心配をしている人がいるかもしれませんが、大丈夫です。年を取ってくれば、そんなこともなくなります。

ニュージーランドにあるオークランド大学のピーター・ミロジェブは、性格が年を重ねるごとに変化するものなのか、それとも安定して変わらないのかを調べてみました。それぞれの世代ごとに、6年間の継続的な研究を行ったのです。参加したのは1万人以上でした。

その結果、**神経質な性格というものは、年とともにだんだん穏やかになっていくことがわかりました**。20代、30代の頃には、小さなことにピリピリして神経質になっている人でも、40代、

50代、60代となるにつれて、そんなこともなくなっていたのです。

やはり人間は、年を取ると大らかになるというか、細かいことなどどうでもよくなってくるのかもしれません。いちいち腹を立てるのも、次第に面倒くさいと感じるようになるのですから、これは良いことです。

最近は、アンチ・エイジングが流行していて、年を取ることがさも悪いことのように思われていますが、そんなこともありません。年を取ることは、性格が落ち着いてきて、少しのことでは心が煩わされなくなる、ということでもあります。日本には、「老成」という言葉もあります。

ミロジェブは、ほかの性格についても年齢による変化を調べています。

たとえば、社交性。

これは思春期になると急激に落ちます。小さな頃にはだれに対しても元気に話しかけていたような子どもも、思春期になると急に恥ずかしくなるのか、社交的でなくなってしまいます。そして、ある程度の大人になるとまた戻ります。

あるいは慎重さ。

これは20歳を超えると上がっていき、それからは安定的に高いままで横ばいになります。

若いうちには、無謀な人も、だいたい20歳を超えるとそんなに無茶なことはしなくなり、慎重になるという傾向があります。中高生の頃には、不良で改造バイクを乗り回していたような人が、20歳を超えていきなり落ち着いてしまうこともよくあります。

「私の性格は、一生、このままなのかな……」と思い煩っている人がいるかもしれませんが、そんなことはありません。**私たちの性格は、年齢の変化によっても変わりますし、普段の心がけでも変わる**ことがあるのです。

どんな選択もいずれ正解になる

商品を買うとき、できるだけ良いモノを選ぼうとして、雑誌やネットを使って、徹底的に情報収集する人がいるとしましょう。

こういう人は、たしかに最高の買い物ができるのかもしれません。けれども、自分の買い物にものすごく満足できるのかというと、そういうことにはならないのです。むしろ、「ほかの商品のほうがもっと良かったのではないか」という気持ちが強くなって、不満のほうが強くなるのです。

「結婚するのなら、最高の相手を選びたい」という人がいるとしましょう。

こういう人もやはり、幸せな結婚はできません。

なぜかというと、最高の相手を探そうとすればするほど、最終的に自分が選んだ人には満足できなくなるからです。「違う人のほうがもっと良かったかもしれない」という気持ちがいつまでも付きまとって、自分が選んだパートナーに納得できなくなるのです。

買い物をするときには、「まあ、適当にあるものから選べばいいや」といういいかげんな基準で買い物をする人のほうが、結局は、自分が選んだ商品に満足できます。

結婚相手を選ぶときにも、「この人は性格も悪くなさそうだし、まあ、いいか」という気楽な選択をしたほうが、かえって本人の満足度は高くなるでしょう。

しっかりと情報収集しようとしたり、熟慮に熟慮を重ねて最高の選択をしようとしたりするのは、あまり良い作戦ではありません。たしかに、そうすることによってより良い選択肢を選び出すことができるのかもしれませんが、それにより本人の満足感が下がってしまったのでは、何にもなりません。

米国ニューヨーク州にあるコロンビア大学のシーナ・アイエンガーは、11の大学に通う大学生の就活について調べてみました。大学は、大学のランクも知名度も、在校生数などもバラバラです。

学生の中には、「就職するのなら、自分にとって最高の会社に勤めたい」という人もいました。逆に、「自分を採用してくれるのなら、基本的にはどこでもいい」という考えの人もいました。

アイエンガーが調べたところ、「最高の選択」にこだわる学生は、あまりこだわらない学生よりも、初任給が20％も高い会社に就職することができました。

この点だけを取ってみれば、彼らは成功したと言えるでしょう。

ところが満足度を調べてみると、**彼らは自分が内定をもらった会社に満足できていないこと**

が明らかにされたのです。自分で選んだくせに、「本当にここでいいのか？」と思ってしまって、心から満足できなかったのです。

ある程度はいい加減でよいというか、適当なところで手を打つようにしたほうが、私たちは幸せになれます。**自分に与えられたもので納得するようにしたほうが、満足度も高くなる**のです。

どんなに悪いと思われるような選択でも、後になって考えてみれば、あのときの決断は間違えていなかった、と思えることは少なくありません。一流大学に合格できなかったとか、一流企業に就職できなかったとか、それがかえって自分のためになるということも現実にはよくあるのです。

あとがき

最後までお読みいただき、ありがとうございました。

とにかく「面白い心理学のネタ」をご紹介したいと思うあまり、ほとんど脈絡のないネタばかりが並んでしまったと思います。「読みにくいな」と感じた読者がいらっしゃいましたら、この場を借りてお詫びを申し上げます。

本書のネタの中には、教育の話もあり、ビジネスの話もあり、恋愛の話もあり、社会の話もあり、政治の話もあり、健康や美容の話もあり、まさに何でもありの内容になっていたと思います。なぜ、こんなにバラエティ豊かな内容になってしまったのかというと、心理学という学問が、もともとバラエティ豊かな学問だから。

同じ「心理学者」を名乗っていても、犬やハトの研究だけを何十年もやっている心理学者もいれば、ほとんど経済学者と同じような数理計算だけをやっている心理学者もいます。いろいろな国に出かけて、現地の人と遊んでばかりで、何をやっているのかよくわからない心理学者もいます（笑）。

ともあれ、心理学の魅力は、その裾野の広さというか、バラエティの豊かさだと私は思っています。ですから、できるだけ広い分野のネタを収集することにしました。脈絡のないネタの組み合わせになっているのは、そのためです。

私自身は、心理学という学問が大好きです。好きなので、もうかれこれ20年以上も心理学者をやっているわけです。

「心理学って、ホントに面白い学問なんだよ」ということをみなさんにお伝えしたくて、前作の『すごい心理学』を書きました。本書はその第2弾です。心理学には面白いネタがいくらでもありますから、ネタを集めるのも、まったく苦になりませんでした。もしこの第2弾もご好評をいただけるようなら、すぐにでも第3弾を書きます。こちらもぜひ期待していてください。

さて、本書の執筆に当たっては、総合法令出版編集部の久保木勇耶さんに大変お世話になりました。この場を借りてお礼を申し上げたいと思います。

脈絡のない話を、ダラダラと私が執筆するものですから、編集には非常に苦労したと思います。項目を並べ替えてくださったり、構成を考えてくださったり、久保木さんにはとても面倒をかけてしまいました。ありがとうございます。もし本書が読みやすくなっているのだとしたら、それはすべて久保木さんのおかげです。

最後になりましたが、読者のみなさんにもお礼を申し上げます。最後の最後の最後までお付き合いくださいまして、本当にありがとうございました。「心理学って、意外に面白いんだな」という感想を持っていただけたとしたら、筆者冥利《みようり》に尽きます。

またどこかでお目にかかりましょう。

内藤誼人

Wallace, H. M., & Baumeister, R. F. 2002 The performance of narcissists rises and falls with perceived opportunity for glory. Journal of Personality and Social Psychology, 82, 819-834.

Wegner, D. M., Ansfeld, M., Pilloff, D. 1998 The putt and the pendulum: Ironic effects of the mental control of action. Psychological Science, 9, 196-199.

Wegner, D. M., Wenzlaff, R. M., & Kozak, M. 2004 Dream rebound. The return of suppressed thoughts in dreams. Psychological Science, 15, 232-236.

Wesselmann, E. D., Butler, F. A., Williams, K. D., & Pickett C. L. 2010 Adding injury to insult: Unexpected rejection leads to more aggressive responses. Aggressive Behavior, 36, 232-237.

Wiseman, R., Smith, M., & Milton, J. 1998 Can animals detect when their owners are returning home? An experimental test of the 'Psychic Pet' phenomenon. British Journal of Psychology, 89, 453-462.

Zhong, C. B., Bohns, V. K., & Gino, F. 2010 Good lamps are the best police: Darkness increases dishonesty and self-interested behavior. Psychological Science, 21, 311-314.

Science, 21, 931-937.

Nordgren, L. F., van Harreveld, F., & van der Pligt, J. 2009 The restraint bias. How the illusion of self-restraint promotes impulsive behavior. Psychological Science, 20, 1523-1528.

O'quin, K., & Aronoff, J. 1981 Humor as a technique of social influence. Social Psychology Quarterly, 44, 349-357.

Oswald, A. J., Proto, E., & Sgroi, D. 2015 Happiness and productivity. Journal of Labor Economics, 33, 789-822.

Peters, B. L., & Stringham, E. 2006 No Booze? You may lose: Why drinkers earn more money than nondrinkers. Journal of Labor Research, 27, 411-421.

Quine, L. 2001 Workplace bullying in nurses. Journal of Health Psychology, 6, 73-84.

Redelmeier, D. A., & Tversky, A. 1996 On the belief that arthritis pain is related to the weather. Proceedings of the National Academy of Sciences of the United States of America, 93, 2895-2896.

Scheibehenne, B., Mata, J., & Todd, P. M. 2011 Older but not wiser-Predicting a partner's preferences gets worse with age. Journal of Consumer Psychology, 21, 184-191.

Shenkin, S. D., Starr, J. M., & Deary, I. J. 2004 Birth weight and cognitive ability in childhood: A systematic review. Psychological Bulletin, 130, 989-1013.

Shu, S. B., & Carlson, K. A. 2014 When three charms but four alarms: Identifying the optimal number of claims in persuasion settings. Journal of Marketing, 78, 127-139.

Stack, S., & Gundlach, J. 1992 The effect of country music on suicide. Social Forces, 71, 211-218.

Stevenson, B., & Wolfers, J. 2009 The paradox of declining female happiness. National bureau of Economic Review Working Paper, No. 14969, May.

Thomas, M., & Tsai, C. I. 2012 Psychological distance and subjective experience: How distancing reduces the feeling of difficulty. Journal of Consumer Research, 39, 324-340.

Tormala, Z. L., Jia, J. S., & Norton, M. I. 2012 The preference for potential. Journal of Personality and Social Psychology, 103, 567-583.

Trinkaus, J. 1980 Preconditioning an audience for mental magic: An informal look. Perceptual and Motor Skills, 51, 262.

Valentine, K. A., Li, N. P., Penke, L., & Perrett, D. I. 2014 Judging a man by the width of his face: The role of facial ratios and dominance in mate choice at speed-dating events. Psychological Science, 25, 806-811.

Van Boven, L., & Gilovich, T. 2003 To do or to have? That is the question. Journal of Personality and Social Psychology, 85, 1193-1202.

rapid detection of threat? Evidence for an advantage in perceptual and behavioral responding from eye movements. Emotion, 14, 816-823.

Martin, S. J., Bassi, S., & Dumbar-Rees, R. 2012 Commitments, norms and custard creams – A social influence approach to reducing did not attends(DNAs). Journal of Royal Society of Medicine, 105, 101-104.

Mason, M. F., Lee, A. J., Wiley, E. A., & Ames, D. R. 2013 Precise offers are potent anchors: Conciliatory counteroffers and attributions of knowledge in negotiations. Journal of Experimental Social Psychology, 49, 759-763.

Mazza, S., Gerbier, E., Gustin, M. P., Kasikci, Z., Koenig, O., Toppino, T. C., & Magnin, M. 2016 Relearn faster and retain longer: Along with practice, sleep makes perfect. Psychological Science, 27, 1321-1330.

McPherson, M., Smith-Lovin, L., & Brashears, M. E. 2006 Social isolation in America: Changes in core discussion networks over two decades. American Sociological Review, 71, 353-375.

Merikle, P. M., & Skanes, H. E. 1992 Subliminal self-help audiotapes: A search for placebo effects. Journal of Applied Psychology, 77, 772-776.

Melzack, R., Weisz, A. Z., & Sprague, L. T. 1963 Stratagems for controlling pain: Contributions of auditory stimulation and suggestion. Experimental Neurology, 8, 239-247.

Milojev, P. & Sibley, C. G. 2017 Normative personality trait development in adulthood: A 6-year cohort-sequential growth model. Journal of Personality and Social Psychology, 112, 510-526.

Miner, A. G., Glomb, T. M., & Hulin, C. 2005 Experience sampling mood and its correlates at work. Journal of Occupational and Organizational Psychology, 78, 171-193.

Miranda, D., & Claes, M. 2004 Rap music genres and deviant behaviors in French-Canadian adolescents. Journal of Youth and Adolescence, 33, 113-122.

Morewedge, C. K., & Norton, M. I. 2009 When dreaming is believing: The (motivated) interpretation of dreams. Journal of Personality and Social Psychology, 96, 249-264.

Muraven, M. 2010 Building self-control strength; Practicing self-control leads to improved self-control performance. Journal of Experimental Social Psychology, 46, 465-468.

Naftulin, D. H., Ware, J. E., & Donnelly, F. A. 1973 The doctor Fox lecture: A paradigm of educational seduction. Journal of Medical Education, 48, 630-635.

Nah, F. F. H. 2004 A study on tolerable waiting time: How long are web users willing to wait? Behaviour and Information Technology, 23, 153-163.

Nathan, D. C., Geoff, M., Webster, G. D., Masten, C. L., Baumeister, R. F., Powell, C., Combs, D., Schurtz, D. R., Stillman, T. F., Tice, D. M., & Eisenberger, N. I. 2010 Acetaminophen reduces social pain: Behavioral and neural evidence. Psychological

2010 Did you see the unicycling clown? Inattentional blindness while walking and talking on a cell phone. Applied Cognitive Psychology, 24, 597-607.

Ittersum, K. V., & Wansink, B. 2012 Plate size and color suggestibility: The Delboeuf illusion's bias on serving and eating behavior. Journal of Consumer Research, 39, 215-228.

Iyengar, S. S., Wells, R. E., & Schwartz, B. 2006 Doing better but feeling worse. Looking for the "Best" job undermines satisfaction. Psychological Science, 17, 143-150.

Janakiraman, N., Meyer, R. J., & Hoch, S. J. 2011 The psychology of decisions to abandon waits for service. Journal of Marketing Research, 48, 970-984.

Jonas, E., Schimel, J., Greenberg, J., & Pyszczynski, T. 2002 The Scrooge effect: Evidence that mortality salience increases prosocial attitudes and behavior. Personality and Social Psychology Bulletin, 28, 1342-1353.

Kasser, T., & Ryan, R. M. 1996 Further examining the American dream: Differential correlates of intrinsic and extrinsic goals. Personality and Social Psychology Bulletin, 22, 280-287.

Kazdin, A. E., & Klock, J. 1973 The effect of nonverbal teacher approval on student attentive behavior. Journal of Applied Behavior Analysis, 6, 643-654.

Keizer, K., Lindenberg, S., & Steg, L. 2008 The spreading of disorder. Science, 322, 1681-1685.

Kesebir, S., & Oishi, S. 2010 A spontaneous self-reference effect in memory: Why some birthdays are harder to remember than others. Psychological Science, 21, 1525-1531.

Kinnier, R. T., Tribbensee, N. E., Rose, C. A., & Vaughan, S. M. 2001 In the final analysis: More wisdom from people who have faced death. Journal of Counseling and Development, 79, 171-177.

Kuhnel, J., & Sonnentag, S. 2011 How long do you benefit from vacation? A closer look at the fade-out of vacation effects. Journal of Organizational Behavior, 32, 125-143.

Larson, C. L., Arnoff, J., Sarinopoulos, I. C., & Zhu, D. C. 2008 Recognizing threat: A simple geometric shape activates neural circuitry for threat detection. Journal of Cognitive Neuroscience, 21, 1523-1535.

Leder, H., Forster, M., & Gerger, G. 2011 The glasses stereotype revisited. Effects of eyeglasses on perception, recognition, and impression of faces. Swiss Journal of Psychology, 70, 211-222.

Lilienfeld, S. O., Waldman, I. D., Watts, A. L., Rubenzer, S., & Faschingbauer, T. R. 2012 Fearless dominance and the U.S. presidency: Implications of psychopathic personality traits for successful. And unsuccessful political leadership. Journal of Personality and Social Psychology, 103, 489-505.

LoBue, V., Matthews, K., Harvey, T., & Stark, S. L. 2014 What accounts for the

Higher ranking lead to less cooperative looks. Journal of Applied Psychology, 97, 479-486.

Diener, E., Wolsic, B., & Fujita, F. 1995 Physical attractiveness and subjective well-being. Journal of Personality and Social Psychology, 69, 120-129.

Dondi, M., Simon, F., & Caltran, G. 1999 Can newborns discriminate between their own cry and the cry of another newborn infant? Developmental Psychology, 35, 418-426.

Drago, F. 2011 Self-esteem and earnings. Journal of Economic Psychology, 32, 480-488.

Dunning, D., Johnson, K., Ehlinger, J., & Kruger, J. 2003 Why people fail to recognize their own incompetence. Psychological Science, 12, 83-87.

Ein-Dor, T., Reizer, A., Shaver, P. R., & Dotan, E. 2012 Standoffish perhaps, but successful as well: Evidence that avoidant attachment can be beneficial in professional tennis and computer science. Journal of Personality, 80, 749-768.

Epley, N., & Dunning, D. 2000 Feeling "Holier than thou": Are self-serving assessments produced by errors in self or social prediction? Journal of Personality and Social Psychology, 79, 861-875.

Finkelstein, S. R., & Fishbach, A. 2012 Tell me what I did wrong: Experts seek and respond to negative feedback. Journal of Consumer Research, 39, 22-38.

Fraley, B., & Aron, A. 2004 The effect of a shared humorous experience on closeness in initial encounters. Personal Relationships, 11, 61-78.

Gneezy, U. 2005 Deception: The role of consequences. American Economic Review, 95, 384-394.

Gonsalkorale, K., & Williams, K. D. 2007 The KKK won't let me play: Ostracism even by a despised outgroup hurts. European Journal of Social Psychology, 37, 1176-1186.

Gonzalez-Mule, E., Carter, K. M., & Mount, M. K. 2017 Are smarter people happier? Meta-analyses of the relationships between general mental ability and job and life satisfaction. Journal of Vocational Behavior, 99, 146-164.

Haran, U. 2013 A person-organization discontinuity in contract perception: Why corporations can get away with breaking contracts but individuals can not. Management Science, 59, 2837-2853.

Hartman, A. A., Nicolay, R. C., & Hurley, J. 1968 Unique personal names as a social adjustment factor. Journal of Social Psychology, 75, 107-110.

Hass, R. G. 1984 Perspective taking and self-awareness: Drawing an E on your forehead. Journal of Personality and Social Psychology, 46, 788-798.

Helliwell, J. F., & Wang, S. 2014 Weekends and subjective well-being. Social Indicators Research, 116, 389-407.

Hyman, I. E. Jr., Boss, S. M., Wise, B. M., McKenzie, K. E., & Caggiano, J. M.

参考文献

Abele, A. E., & Spurk, D. 2009 How do objective and subjective career success interrelate over time? Journal of Occupational and Organizational Psychology, 82, 803-824.

Armstrong, J. S. 1998 Are student ratings of instruction useful? American Psychologist, 53, 1223-1224.

Bashaw, R. E., & Grant, E. S. 1994 Exploring the distinctive nature of work commitments: Their relationships with personal characteristics, job performance, and propensity to leave. Journal of Personal Selling & Sales Management, 14, 41-56.

Bendersky, C., & Shah, N. P. 2013 The downfall of extraverts and rise of neurotics: The dynamic process of status allocation in task groups. Academy of Management Journal, 56, 387-406.

Berger, J., Meredith, M., & Wheeler, S. C. 2008 Contexual priming: Where people vote affects how they vote. Proceeding of the National Academy of Sciences of the USA, 105, 8846-889.

Bering, J. M. 2006 The cognitive psychology of belief in the supernatural. American Scientist, 94, 142-149.

Berk, L. S., Tan, S. A., Fry, W. F., Napier, B. J., Lee, J. W., Hubbard, R. W., Lewis, J. E., & Eby, W. C. 1989 Neuroendocrine and stress hormone changes during mirthful laughter. American Journal of Medical Sciences, 298, 390-396.

Blackmore, S. J. 1997 Probability misjudgment and belief in the paranormal: A newspaper study. British Journal of Psychology, 88, 683-689.

Bohns, V. K., & Flynn, F. J. 2010 "Why didn't you just ask?" Underestimating the discomfort of help-seeking. Journal of Experimental Social Psychology, 46, 402-409.

Bosson, J. K., Johnson, A. B., Niederhoffer, K., & Swan, W. B. Jr. 2006 Interpersonal chemistry through negativity: Bonding by sharing negative attitudes about others. Personal Relationships, 13, 135-150.

Brown, A. S., Bracken, E., Zoccoli, S., & Douglas, K. 2004 Generating and remembering passwords. Applied Cognitive Psychology, 18, 641-651.

Castledine, G. 1996 Nursing's image: It is how you use your stethoscope that counts! British Journal of Nursing, 5, 882.

Chaplin, W. F., Philips, J. B., Brown, J. D., Clanton, N. R., & Stein, J. L. 2000 Handshaking, gender, personality, and first impression. Journal of Personality and Social Psychology, 79, 110-117.

Chatterjee, A., & Hambrick, D. C. 2007 It's all about me: Narcissistic chief executive officers and their effects on company strategy and performance. Administrative Science Quarterly, 52, 351-386.

Chen, P., Myers, C. G., Kopelman, S., & Garcia, S. M. 2012 The hierarchical face:

内藤誼人（ないとう・よしひと）

心理学者、立正大学客員教授、有限会社アンギルド代表取締役社長。
慶應義塾大学社会学研究科博士課程修了。社会心理学の知見をベースに、ビジネスを中心とした実践的分野への応用に力を注ぐ心理学系アクティビスト。趣味は手品、昆虫採集、ガーデニング。
著書に、『すごい！ モテ方』『すごい！ ホメ方』『もっとすごい！ ホメ方』（以上、廣済堂出版）、『ビビらない技法』『「人たらし」のブラック心理術』（以上、大和書房）、『裏社会の危険な心理交渉術』『世界最先端の研究が教える すごい心理学』（以上、総合法令出版）など多数。その数は200冊を超える。

世界最先端の研究が教える
もっとすごい心理学

2020年3月22日　初版発行
2020年3月23日　2刷発行

著　者　内藤誼人
発行者　野村直克
発行所　総合法令出版株式会社
〒103-0001 東京都中央区日本橋小伝馬町15-18
ユニゾ小伝馬町ビル9階
電話　03-5623-5121
印刷・製本　中央精版印刷株式会社

落丁・乱丁本はお取替えいたします。

ISBN 978-4-86280-722-9
総合法令出版ホームページ　http://www.horei.com/